도대체 무엇이
진짜일인가?

도대체 무엇이 진짜일인가?

초 판 1쇄 발행 | 2025년 8월 15일
지은이 김기진 부정필 강미숙 김택수 남경우 이재실

펴낸이 김기진
펴낸곳 에릭스토리
편집주간 오순영
디자인 가보경 이소윤
출판등록 2023. 5. 9(제 2023-000026 호)
주　소 서울특별시 금천구 가산디지털1로 171, 318호
전　화 (02)6673-1238
팩　스 (02)6674-1238
이메일 ericstory1238@naver.com(원고 투고)
홈페이지 www.ericstory.net

ISBN 979-11-992246-4-3 (13320)

ⓒ 김기진, 2025

- 이 책은 저작권법에 따라 보호받는 저작물이므로 무단 전재 및 무단 복제를 금지합니다. 따라서 이 책 내용의 전부 또는 일부 내용을 재사용 하시려면 사용하시기 전에 저작권자의 서면 동의를 받아야 합니다.
- 책값은 뒤표지에 있습니다.
- 파본이나 잘못된 책은 구입하신 곳에서 교환해 드립니다.

* 이 책에는 '지마켓산스체' 글꼴이 적용되어 있습니다.

WHO AM I
AI 대전환 시대

도대체 무엇이 진짜일인가?

김기진 부정필 강미숙
김택수 남경우 이재실

ERiC Story

프롤로그

일하고 있는데, 나는 왜 사라졌을까?

일이 쉬워졌다.

GPT가 이메일을 대신 써주고, 회의록은 자동으로 정리된다. 기획서 초안도, 보고서 문장도 눈 깜짝할 사이에 완성된다. 기술의 도움으로 우리는 더 빠르게, 더 많이, 더 효율적으로 일하고 있다.

그런데 묘하다. 하루 종일 뭔가에 몰두했는데도, 이상하게 "일한 것 같다"는 느낌이 들지 않는다.

성과는 냈지만, 나의 흔적은 없다.

처리는 됐지만, 실천은 빠졌다.

자동화는 분명 나를 도와줬는데, 어느새 나는 '도구처럼' 일하고 있었다.

이상하다. 일은 편해졌는데, 왜 나는 더 지쳐갈까?

이상하다. 일은 끝났는데, 왜 나는 사라진 느낌일까?

그 지침은 몰입해서 생긴 게 아니다. 의미 없이 반복하다가, 감정도 감각도 말라버렸기 때문이다. 기술은 속도를 올렸지만, 감정은 흐려지고, 감각은 둔해졌고, 존재는 점점 희미해졌다. 그래서 묻게 된다.

나는 지금, '일'을 하고 있는 걸까? 아니면, 누군가의 알고리즘을 살아내고 있는 걸까?

지금 내가 하는 일이 정말 '내 일'이 맞는 걸까?

나는 '결과'를 남기고 있는가, 아니면 '울림'을 남기고 있는가?

이 책은 성과를 높이는 법을 알려주려는 책이 아니다.

당신이 다시 살아 있는 실천의 감각을 되찾고, 기계처럼 반복하는 루틴에서 벗어나 감정에서 감각으로, 의미에서 실천으로 이어지는 '존재 기반의 루틴'을 회복하는 여정을 안내하기 위한 책이다.

우리는 이미 알고 있다. 속도에 지쳐 있고, 정답에 질렸으며, 성과에 무뎌졌다는 걸. 그래서 지금 필요한 건 기술이 아닌 감각, 성과가 아닌 울림, 반응이 아닌 존재다.

이 책은 당신이 잃어버린 그 감각을 다시 깨우고, 당신만의 '진짜일'을 디자인할 수 있도록 돕는 질문과 루틴을 함께 담았다. 지금, 당신 손에 쥐어진 이 책 한 권이 당신 존재의 좌표를 되찾는 첫 번째 신호가 되기를 바란다.

저자 소개

김기진 KHR Group, 한국HR포럼 대표

아주대학교 겸임교수이자, 한국HR협회 및 KHR GPT연구소 대표, 피플스그룹 협동조합 이사장, 그리고 도서출판 ERiC Story 대표로 활동하고 있다. 16년간 KHR포럼을 운영하며 제192회 포럼 개최(회원 3,950명)를 이끌었고, 'KHR FTP 인사 & 인재개발 실태조사 보고서'를 6년째 정기 발간하고 있다. 현재까지 약 1만여 명을 대상으로 GPT 활용 강의를 진행해왔으며, 육군 인사사령부의 스마트 인재시스템 구축 자문위원으로도 활동했다. 저서는 《QDer: 질문을 디자인하라》, 《Qbit: 나는 GPT를 이렇게 키웠다》, 《아하 나도 Zoom 마스터》가 있고, 공저 시리즈로 《ChatGPT*HR: 생성형 AI, HR에 어떻게 적용할 것인가》, 《AI 대전환 시대, 조직은 문화다》, 《AI 대전환 시대, Who am I - 나는 팀장》, 《AI 대전환 시대, Who am I - 인간의 정체성과 변화 적응》, 《코칭 레볼루션: AI 시대, 코치형 리더의 탄생》, 《팀장 레볼루션: 이제는, 팀장이 사라진다》, 《채용 레볼루션: AI 채용의 힘》, 《ESG 레볼루션: 지속 가능의 힘》, 《HR 레볼루션: 생성형 AI, HR 생태계 어떻게 구축할 것인가》, 《왜 지금 한국인가: 한류경영과 K-리더십》, 《하루하루 詩作》, 《내 인생의 선택》, 《코로나 이후의 삶 그리고 행복》, 《책쓰기, AI 묻고 인간이 답하다》 기고 활동은 《HR Insight》, 《한경닷컴》, 《글로벌이코노믹》, 《창업&프랜차이즈》 등 다양한 매체에 HR과 AI 관련 칼럼을 연재했다.

부정필 전주페이퍼 인사총무팀 팀장(수석)

현, 전주페이퍼(구 한솔제지) 인사총무팀장(수석). 충무공의 얼이 서린 전남 진도 명량해협 앞바다를 놀이터 삼아 호연지기를 키우며 자란 그는, 세 아이의 아버지이자 이를 자랑스럽게 여기는 Patriot이다. 지식과 정보의 전달 매체인 '종이'를 생산하는 회사에서 31년째 몸담고 있으며, 이에 대한 자부심 또한 크다. 인사·교육과 영업 분야를 넘나들며 쌓아온 경험을 바탕으로, 그는 내외부 고객의 목소리에 귀 기울일 줄 아는 따뜻한 카리스마의 Communicator다. AI와 더불어 놀기를 즐기며, 이를 통해 개인과 조직의 성장을 돕고자 하는 체인지 에이전트 Dreamer. 아재 개그를 즐기고, 때로 번뜩이는 언어유희로 주변에 웃음을 전하는 Word Magician이기도 하다. X세대부터 MZ

세대까지 세대의 간극을 넘나들며 모두를 아우르고자 하는, '꼰대인 듯 꼰대 아닌 꼰대 같은 Senior'. 예술·사회·정치·평화에 대한 관심 또한 깊어, 다양한 사람들과의 교류를 위해 끊임없이 노력하고 있다.부조리한 세상 속에서 일상의 단상을 시나 에세이로 풍자하며 풀어내는 방구석 Romanticist. 공저로는 시집 《하루하루 詩作》, 에세이집 《유비백세(有備百歲)》, 《AI 대전환 시대, Who am I 인간의 정체성과 변화 적응》이 있다.

강미숙 에코제로 상무이사

웅진코웨이에 입사한 이후 약 30년간 웅진그룹 내 다양한 계열사에서 재직해왔다. 코웨이에서는 최초의 여성 지점장이자 첫 여성 팀장으로 발탁되어, 관리지원팀장, 영업지원팀장, 홍보팀장 등 핵심 직무를 두루 맡았다. 이후 웅진홀딩스에서는 인사·총무·교육팀장을 역임하며 조직 운영의 중심 역할을 수행하였다. 현재는 한국HR협회 부회장, 에코제로 상무이사로 활동 중이며, 조직의 지속가능성과 사람 중심 경영을 실천하는 HR 전문가이자 변화 추진자로서 경력을 이어가고 있다. 공저로는 《AI 시대, 코치형 리더의 탄생》이 있다.

김택수 한국역량평가개발원 부대표

WhyH컨설팅 대표 컨설턴트, 런투컨설팅 전문위원으로 활동 중이며, Gallup 강점 코치와 Birkman Method 코치, 소중한 것 먼저 하기 & 7 Habits 코치로도 활약하고 있다. 리더십, 조직문화, 직무 역량(기획력, 창의력, 문제 해결)을 주제로 다양한 기업과 공공기관에서 강의하며, 단순히 "좋은 성과를 내는 법"만이 아니라 개인의 성장과 행복까지 함께 돕고자 하는 '라이프 파트너'형 강사를 지향하고 있다. 오늘도 교육 현장에서 학습자와 눈을 맞추고, 실문을 던지며, 때로는 함께 웃고 소통하는 과정을 통해 성장을 향한 즐거운 여정을 만들어가고 있다. 공저로는 《AI 대전환 시대, Who am I 나는 리더》가 있다.

남경우 한글과컴퓨터

한글과컴퓨터에서 교육, 조직문화, 채용 업무를 담당하고 있으며, 마이다스아이티에서 조직문화 파트장을 역임했다. SBS, KT, LG 등 다양한 산업 현장에서 경력을 쌓으며, 직무 전반에 대한 폭넓은 이해를 갖추게 되었다. 인사담당자로서 수많은 기업과 협업하며 채용 브랜딩 및 조직문화 개선에 기여해왔고, 특히 KT&G와의 협업에서는 채용 브랜딩 공로를 인정받아 연간 포상을 수상한 바 있다. 현재는 수백 명의 청년들을 대상으로 취업 멘토링과 강연 활동도 활발히 펼치고 있다. 그는 "HR은 정형화된 답이 아니라 사람의 마음에서 출발한다"는 신념 아래, 사람의 본질에 기반한 HR 기획과 실천에 깊은 관심을 두고 있다.

이재실 일터대학(WPC) 총장

기계공학 학사·석사, 교육학 박사. 건설기계기술사, 국제기술사(APEC & International Professional Engineer), 기술지도사, 건설기계기능장, 평생교육사 1급, 직업능력개발교사 1급 등 다수의 전문 자격을 보유하고 있다. 현재 일터대학 총장으로 화성·평택·천안 캠퍼스를 운영하고 있으며, 대한민국산업현장교수, 사단법인 한국커리어개발협회 이사(전 회장), 한국인력개발학회 이사로 활동 중이다. 국가자격 출제·검토·채점·면접위원으로도 참여하고 있다. 그리고 34년간, 삼성중공업과 볼보그룹 연수원에서 부원장과 원장으로 재직하며 기업 교육을 이끌었고, 아주대학교 겸임교수, 한경대학교 교수, 국토교통부·서울시·경기도·대학 등 공공기관 평가 및 전문위원 역할을 수행했다. 또한 화성시, 평택시, 안성시 등의 기업 교육 및 기술경영, 평생교육 자문위원으로 활동하며 현장 중심의 인재 개발을 실천하고 있다. 주요 저서로는 《평생한 공부》, 《기업가정신》, 《NCS 학습모듈 – 유압펌프/유압밸브》, 《국정교과서 – 기계》, 《건설기계 토공·적하 이론》, 《건설기계 차체 이론·실기》, 《내연기관 이론·실기》, 《유압장치》 등 다수의 전문 기술서와, 《Who Am I》, 《나는 리더》 공저 등이 있다.

목차

프롤로그 일하고 있는데, 나는 왜 사라졌을까?	4
저자 소개	6

1장 나는 일하고 있다… 그런데 왜 이렇게 공허할까?
속도는 늘었지만, 의미는 줄었다
| 부정필

1 AI 시대, 인간은 어디에 서 있는가? 17
　나는 기계의 부품이 된 걸까? 17
　동화된 루틴 속에 감정은 어디로 갔는가? 18
　진짜 인간만이 할 수 있는 일이 있다면, 그것은 무엇일까? 21
　AI 비서와 나, 주도권은 누구의 손에 있는가? 24

2 왜 지치고, 왜 무기력한가? 27
　AI 시대의 피로는 어디서 오는가? 27
　허탈함을 넘어서는 네 가지 실천 29
　'CHANGE'라는 이름의 회복 루틴 31
　AI는 수단이고, 사람은 목적이다 39

3 진짜일은 감정이 머무는 자리다 41
　나는 지금, '진짜' 일을 하고 있는가? 41
　감정과 실천이 담겨야 일이 된다 44
　나의 흔적이 남는 일이 진짜일이다 47
　이 일은 누구의 의미를 담고 있는가? 50

2장 일은 끝났는데, 나는 왜 사라진 기분일까?
일은 했는데, 그 안에 '나'는 없었다 　　　　　　　　　| 강미숙

1 결과는 남았지만, 나는 왜 이렇게 허전한가?　　55
"수정했습니다"… 그런데 왜 공허할까?　　　　　　55
숫자는 남았지만, 감정은 지워졌다　　　　　　　　58
진짜일은 울림이 남는다, 그것이 차이다　　　　　　60

2 질문을 잃은 순간, 나는 흐려지기 시작했다　　63
"그냥 하던 대로 해"… 그 말이 위험한 이유　　　　63
질문하지 않는 나는, 살아 있다고 할 수 있을까?　　66
생각 없이 움직이는 감정, 그것이 나를 경고한다　　68

3 '나' 없는 일은 누구의 일인가?　　71
하루가 지나도 기억나는 일이 없다면?　　　　　　71
나의 흔적이 남지 않은 결과물은 누구의 것인가?　74
진짜일은, 나를 남기는 일이다　　　　　　　　　　76

3장 나를 잊지 않던 그 일, 그때로 돌아가고 싶다
진짜일은 '나답게' 실천하는 것이다 　　　　　　| 김택수

1 언제 마지막으로 몰입했던 순간이 있었는가?　　81
시간이 멈춘 듯, 일에 빠져들었던 그때　　　　　　81
그건 단순한 업무가 아니었다　　　　　　　　　　85
열정과 주도성, 의미가 하나로 이어졌던 기억　　　88

2 '나여야만 했던 일'이 있었는가? ... 93
누구나 할 수 있는 일이 아니라, 내가 해야 했던 이유 ... 93
기꺼이 책임지고 싶었던 일 ... 98
결과보다 오래 남는 건 "이건 나였다"는 감각이다 ... 102

3 진짜 일은 감정이 살아 있는 흐름에서 시작된다 ... 107
흐름이 좋았던 날, 감정도 살아 있었다 ... 107
작고 단순한 일도 나를 살게 할 수 있다 ... 112
오늘, 나는 어떤 순간에 몰입했는가? ... 115

4장 몰입은 감정에서 시작되고, 질문으로 완성된다
감정→감각→질문→실천, 하루를 설계하는 루틴의 힘 | 김기진

1 감정을 기록하면, 나를 되찾기 시작한다 ... 125
하루 한 줄 감정 기록, 나를 다시 감지하는 연습 ... 125
"짜증났다"에서 멈추지 않고 "왜 짜증났는가"로 ... 127
감정의 흐름은 일의 패턴을 드러낸다 ... 130

2 감각이 흔들린 순간을 놓치지 말자 ... 133
오늘 어떤 장면에서 마음이 반응했는가? ... 133
감정이 반응한 자리에서만 진짜 실천이 자란다 ... 135
불편, 그것도 하나의 방향 감각이다 ... 138

3 하루를 여는 한 줄 질문이 몰입을 만든다 ... 140
오늘 나에게 살아 있는 일은 무엇인가? ... 140
'할 일 리스트'보다 '살아 있는 질문 리스트'를 써보자 ... 142
몰입은 '일 처리'가 아니라 '삶의 방향'에서 시작된다 ... 144

5장 GPT와 함께, 나는 어떤 HR을 만들고 있는가?
기술과 사람 사이, 인사담당자의 정체성을 다시 묻다 | 남경우

1 나는 왜 이 일을 하고 있는가? 인사, 그 정의를 다시 묻는다   149
- 인사 업무를 시작하며 품었던 질문   149
- 인사에 대한 회의와 전환점   151
- 인사는 '사람'을 지켜보는 일, 그리고 균형 잡힌 시선   152
- AI와 함께 그리는 HR의 미래   154
- GPT는 가장 이성적인 도구인가?   155

2 GPT가 하는 일, 그리고 내가 해야 할 일   158
- 기록은 GPT에게, 통찰은 사람에게   158
- GPT는 인사담당자의 든든한 부사수   160
- AI 면접관이 공정할 수 있을까?   162
- AI는 도구일 뿐, 당신은 무엇을 선택할 것인가?   164
- 중심은 언제나 사람이다   169

3 나는 GPT와 함께 성장 중이다   171
- "GPT 어떻게 써요?"에서 "나답게 쓴다"로   171
- '상像'이 그리는 방향, 나는 어디쯤 와 있는가   173
- 결국 도구가 아니라 태도가 답이다   174
- 나는 아직 배우는 중이다, 그래서 더 가능하다   175

6장 '진짜일'은 어떻게 조직을 깨우는가?
일은 성과가 아니라, '울림'으로 증명된다 | 이재실

1 진짜일은 구조가 아니라 '생태'이다 — 179
    구조는 있는데, 생태가 없다 — 179
    일에는 흐름이 있다. 나는 그 안에 있는가? — 184
    조직 시스템보다 중요한 '일의 맥락성' — 187
    일과 삶은 분리될 수 있는가? — 189

2 이 일은 진짜 내 일인가? — 192
    진짜일 vs 가짜 일의 분류 기준 — 192
    진짜일을 하는 조직의 실천 전략 — 196
    존재와 가치를 연결하는 '진짜일'의 프레임 — 199
    팀을 바꾸는 힘은 '업무량'이 아니라 '울림'이다 — 202

3 진짜일은, 나답게 실천하는 일이다 — 206
    내가 살아 있음을 느끼는 순간 — 206
    일work은 나를 표현하는 방식이다 — 210
    일의 목적을 다시 정의하라! — 212
    성과는 감각이 쌓인 흔적이다 — 215

에필로그 당신의 실천이, 진짜를 만든다 — 218

1장

나는 일하고 있다…
그런데 왜 이렇게 공허할까?

속도는 늘었지만, 의미는 줄었다

부정필

1
AI 시대, 인간은 어디에 서 있는가?

나는 기계의 부품이 된 걸까?

"하아… 오늘도 또 이걸 해야 한다니."

감만준 대리는 컴퓨터 모니터를 멍하니 바라보며 한숨을 내쉬었다. 눈앞에 떠 있는 건 신제품 스마트폰의 마케팅 문구 초안. 예전 같으면 팀원들과 머리를 맞대고 아이디어를 쏟아냈을 텐데, 요즘은 그런 시간이 필요 없어졌다. 아니, 기회조차 사라졌다.

"만준 씨, 알파가 제안한 시안 검토해 보셨어요? 거의 완벽하던데요."

팀장의 말에 그는 조용히 고개를 끄덕였다.

'알파ALFA'는 회사에 도입된 AI 비서 시스템이었다.

시장 트렌드 분석, 소비자 반응 예측, 카피라이팅까지 뭐든 해낸다.

빠르고, 정확하고, 세련되게. 인간보다 더 인간처럼.

그는 알파가 제안한 문구를 훑었다.

깔끔하고 감각적이며, 데이터에 딱 맞는 표현들. 수정할 부분은 거의 없었다. 그는 그저 '검토자'일 뿐이었다.

"이게… 내가 하는 일인가?"

모니터 속 완성된 문구들을 보며, 만준 씨는 마음이 이상해졌다. 예전에는 머리를 쥐어뜯으며 낸 아이디어가 광고에 실리고 매출로 이어질 때마다 가슴이 벅찼다. 그런데 지금은? 기계가 완성한 결과물에 자신의 흔적은 한 줄도 남지 않았다. 그는 마치 기계의 부품이 된 듯한 기분에 사로잡혔다.

동화된 루틴 속에 감정은 어디로 갔는가?

점심시간. 동료들과 함께 밥을 먹으면서도 대화 주제는 늘 '알파'였다.

"요즘은 야근할 일도 없고, 진짜 편해요."

"근데 말이에요…. 그냥 가끔은 머리 싸매던 그때가 그립지 않아요?"

"맞아요. 그 힘든 밤도 결국은 우리가 뭔가 해냈다는 느낌이 있었는데…."

예전에는 제품 회의가 일주일에 한 번씩 열렸다. 밤늦도록 열띤 토론을 하고, 칠판 가득 아이디어를 써 내려가며 목소리 높여 싸우기도 했지만, 그 모든 과정이 재미있었다. '내가 뭔가 하고 있다'는 실감이 있었다.

지금은?

회의 전에 이미 알파가 분석을 마치고 최적의 대안을 제시한다. 인간의 역할은 그저 고개를 끄덕이는 일뿐이다.

만준 씨는 회의실 한쪽, 아무것도 적히지 않은 화이트보드를 바라봤다. 그 하얀 판은 마치 사라진 자신의 창의력 같았다. 그는 점심 메뉴가 뭐였는지조차 기억나지 않았다.

어느 날, 만준 씨는 알파의 문구를 검토하다가 멈칫했다. 며칠 밤낮을 고민해서 적었던 자신의 아이디어 문구와 거의 똑같았기 때문이다.

알파는 그가 수년간 작성했던 모든 문구를 학습했고, 이제 그의 스타일까지 복제해내고 있었다.

"내가 없어도… 이 녀석은 내 일을 할 수 있겠구나."

등줄기에 차가운 기운이 흘렀다. '만약 이 일이 내 손을 거치지 않아도 된다면, 나는 왜 여기에 있는 걸까?' 불안감이 마음을 파고들었다.

퇴근 후, 그는 집에 돌아와 불 꺼진 방 안에 조용히 앉았다. 편해졌다고 말하는 세상 속에서, 그는 점점 설 자리를 잃고 있었다.

"그냥 헛일을 한 걸까?" 채대리의 하루

"이 기획안, 다시 써 오세요. 생각이 있는 거예요, 없는 거예요?"

사무실 어딘가에서 흔히 들릴 법한 말. 오늘 그 말의 주인공은 교육 담당자 채민아 대리였다. 신임 CEO의 지시로, 팀장 및 파트장 대상 리더십 교육을 기획하던 중이었다.

채대리는 고민하지 않았다. 자신이 모아둔 프롬프트를 열고, 챗GPT에 키워드를 입력했다. "최신 리더십 교육 트렌드, 해외 사례, 모듈 구성 예시 알려줘."

그녀는 이미 AI 활용의 달인이었다. 챗GPT, Gemini, Wrtn, Gamma, Suno까지 줄줄 꿰고 있었다. AI를 능숙하게 다루는 자신이 자랑스러웠고, 이번 기획안은 말 그대로 '식은 죽 먹기'였다. 1분도 안 돼 AI가 멋진 초안을 내놓았다. 그녀는 그 자료를 편집하고 인포그래픽까지 붙여 화려한 보고서를 완성했다. 완벽하다고 믿었다. 하지만 돌아온 피드백은 차가웠다.

"자료는 많지만… 우리 현실이 잘 안 보여요."

"AI 느낌이 너무 강하네요. 이 교육을 받을 사람들이 진짜 이런 걸 원할까요?"

"채대리만의 생각과 고민이 더 담겼으면 좋겠어요."

그녀는 모니터를 바라보다가, 천천히 고개를 떨궜다.

왠지 모르게 부끄러웠다.

'내가 쓴 게 아니니까… 그렇다고 이렇게 허탈할 줄은 몰랐네.'

회의도 없고, 야근도 없는 날이었는데 그날따라 유난히 피곤했다. 지하철 안, 창밖 풍경이 멍하니 스쳐갔다. 이어폰 너머로 흘러나오는 노래 가사가 마음에 박혔다.

"지금은 어디쯤 가고 있을까…."

나는 오늘 뭘 했지?

AI가 써준 문장을 전달한 것뿐 아닌가?

그게 '일'인가?

밤 9시, 집에 도착한 그녀는 거울 앞에 섰다.

"오늘 하루 분명 아무것도 안 했는데, 왜 이렇게 머리가 아플까…."

"내가 직접 한 게 없어서 그런 걸까?"

"이런 날이 계속되면… 나는 점점 사라지겠지"라는 생각만 들었다.

그녀의 하루는 그렇게 끝이 났다. 조용히, 무겁게, 그리고 깊은 질문 하나를 남긴 채.

진짜 인간만이 할 수 있는 일이 있다면, 그것은 무엇일까?

잠이 쉽게 들지 않는 밤, 채대리는 천장을 바라보며 생각에 잠겼다.
"기술은 더 편해졌는데, 왜 나는 더 지쳐갈까?"
머릿속에 뱅뱅 맴도는 질문 속에서, 문득 얼마 전 교통사고로 다친 선배의 얼굴이 떠올랐다. 고급 승용차를 타고 가다 벌어진 어이없는 사고. 그것은 기술이 만든 '편안함'이 만들어낸 또 다른 위험이었다.

그 선배는 이렇게 말했다. "고속도로에선 차가 다 알아서 해주니까, 피로가 거의 없었어. 차선 유지, 속도 조절, 앞차 거리까지… 그런데 그 편안함에 익숙해져서, 도심으로 들어왔을 땐 내 감각이 무뎌졌지. 그래서 작은 방심 하나가 사고로 이어진 거야."

그 이야기를 들으며, 채대리는 속으로 중얼거렸.
'지금 내 일도 어쩌면 그와 똑같은 건 아닐까.'
'편하고 빠르다는 말 뒤에, 감각이 사라진 상태가 숨어 있는 건 아닐까.'
'나는 지금, 내가 운전하고 있다는 걸… 정말 느끼고 있는 걸까?'

그렇게 뒤척이다 스르륵 잠이 들었고, 꿈을 꾸었다. AI의 숲 속에서 길을 잃고 헤매는 꿈. 그곳엔 사고를 당했던 선배가 있었고, 채대리는 조심스럽게 물었다.

"요즘은… 뉴스에서 AI 안 나오는 날이 있나요?"

선배는 피식 웃으며 대답했다.

"거의 없지. 지하철만 타도, 스마트폰 뉴스는 온통 '생성형 AI', '로봇 채용', 'AI 대체 직업' 이야기야. 숨 쉬듯 스며든 AI의 기척에, 우리는 하루에도 몇 번씩 놀라지."

"그런데… 선배. 이상해요. 일은 편해졌는데, 나는 점점 뒤처지는 것 같아요. 어딘가 세상 바깥에 있는 느낌이 들어요. 마치 부모님이 최신 스마트폰을 사놓고도 전화랑 문자만 쓰는 것처럼요. 저는 나름 어얼리어답터라고 자부했는데, 요즘은 묻는 것도 창피해서 입을 다물게 돼요. 그래서… 제가 정말 잘하고 있는 건지 모르겠어요."

선배는 조용히 고개를 끄덕이며 말했다.

"일이란 말엔 여러 층위가 있지. 일자리, 일거리, 그리고 일머리. 일자리는 고용의 공간, 출근해서 월급 받는 구조지. 일거리는 해야 할 일의 목록. 그런데 일머리는 그 일을 '어떻게' 하느냐에 대한 감각이야."

"AI가 대체하는 건 주로 일자리나 일거리 쪽이지. 하지만 진짜 중요한 건 '일머리'라고 생각해. 즉, 일을 통해 본질을 꿰뚫고, 그것을 실천으로 옮길 수 있는 힘."

"기계는 빠르고, 정확하지. 하지만 '왜 이 일을 하는가?'를 묻지는 않잖아. 그 질문은 인간만이 던질 수 있어. 그리고 그게 진짜일을 찾는 시작이기도 하지."

채대리는 고개를 끄덕였다.

"맞아요. AI가 뉴스를 쓰고, 변호사 계약서를 대신 작성하고, 과외 공부도 도와주고, 의사 진단까지 돕는 시대지만… 결국 우리가 불안한 건 단 하나, '내가 더 이상 필요 없는 존재가 되는 건 아닐까?' 그 두려움이 자꾸 마음속을 건드리는 거예요."

선배는 미소를 지으며 말을 이었다.

"그래. AI는 기능적 요구는 채워줄지 몰라도, 관계적 요구… 그러니까 사람과 사람 사이의 온기, 눈빛, 숨결 같은 건 채워줄 수 없지."

"그래서 매뉴얼대로 일하고, 엑셀은 깔끔하게 정리됐는데도 마음은 허전한 거야. '이게 진짜 내 일이 맞을까?', '기계가 대신해도 괜찮은 일이었던 건 아닐까?' 계속 스스로에게 묻게 되지."

"세상은 지금 미친 듯이 변하고 있어. 생성형 AI, 휴머노이드, 디지털 트윈… 변화는 거침없지만, 우리가 붙잡아야 할 건 '인간만이 할 수 있는 일'이야."

"예를 들면… 따뜻한 눈인사, 상대의 말에 진심으로 귀 기울이기, 실수를 품어주는 여유, 그리고 '왜 이 일을 하는가'에 대해 사색할 수 있는 힘. 그건 기계가 흉내낼 수 없는 인간의 특권이야."

잠시 침묵이 흘렀고, 채대리가 조심스럽게 말했다.

"근데 선배, 저는… 요즘 아무것도 하기 싫을 때가 많아요. 그냥 제가 게으른 걸까요?"

선배는 고개를 저으며 말했다.

"아니, 그건 게으름이 아니야. 그건 감정 없는 반복 속에서 생긴 '정서적 소진'이야. 우린 일을 '잘하는 법'은 많이 배웠지만, '사람답게 일하는 법'은 거의 배우지 못했거든."

"이제는 빠른 일보다 살아 있는 일이 중요해. 성과보다 감정이 남는 일이 소중한 거지."

그 순간, 새벽 알람이 울렸다. 채대리는 조용히 눈을 떴다. 꿈속에서

들었던 그 말이 마음속에 아로새겨져 있었다.

"기계가 하지 못하는 일, 그건 인간만이 할 수 있는 진짜일이야."
"그걸 기억하는 하루가 되었으면 좋겠어."

AI 비서와 나, 주도권은 누구의 손에 있는가?

다음 날 아침, 채대리는 밤새 뒤척이며 고쳐 쓴 기획서를 들고 팀장을 다시 찾았다. 머리칼 사이로 비친 피곤한 이마, 무거운 눈빛, 조심스럽게 꺼내든 목소리.
"AI의 도움은 분명히 컸어요. 그런데… 제 진심이 부족했단 걸 느꼈습니다."
"팀장님, 어떻게 해야 AI를 잘 활용하면서도, 제 생각과 색깔을 담을 수 있을까요?"
잠시 채대리를 바라보던 팀장은 미소를 지으며 자리를 가리켰다. 책상 한 켠에서 낡은 흑백 사진 한 장을 꺼내며 말했다.
"이 사진… 내가 신입사원이었을 때 사무실 풍경이야.
큰 데스크톱 컴퓨터, 손으로 쓴 회의록, 사람들이 함께 붙어 앉아 웃던 모습들."
그리고는, 마치 라떼 한 잔 내어주는 듯한 '디지털 문명 생존기'가 펼쳐졌다.
"그땐 말이지… 회사에 PC가 몇 대밖에 없었어. 다 같이 돌려 쓰다

보면, 급한 서류는 손으로 써서 타자 잘 치는 직원에게 넘겨서 품의서를 만들곤 했지. 느리고 불편했지만, 함께 도와가며 일하는 재미가 있었어. 속도보다 사람이 먼저였던 시절이었달까?"

팀장은 도스부터 윈도우, 인터넷, 스마트폰, AI까지 이어지는 변화의 흐름을 하나하나 시간의 결처럼 풀어냈다. 편리함이 늘어날수록, 기억력은 줄어들고 손글씨도 사라지고, 감정도 멀어졌다고.

"얼마 전 핸드폰이 하루 고장 났을 때, 정말 멘붕이 오더라고. 전화번호도, 결재도, 업무도 다 그 안에 있었거든. 그날 하루를 불안과 허탈 속에서 보냈지. 그제야 알았어. 내가 기계를 쓰는 게 아니라, 기계에 나를 맡기고 있었다는 걸."

그는 조용히 말을 이어갔다.

"이제는 AI가 글도 쓰고, 영상도 만들고, 상담도 해주는 시대야. 수십 명의 비서를 거느린 것 같지. 하지만 중요한 건, 그 비서에게 주도권을 뺏기지 않는 거야. 우리가 주인이고, AI는 도구라는 사실을 잊지 않는 것. 그게 바로 지금 우리가 지켜야 할 '사람다움'이야."

채대리는 조용히 고개를 끄덕였다.

"AI와 경쟁하는 시대가 아니라, AI를 잘 쓰는 사람과 경쟁하는 시대… 결국 '잘 쓰는 사람'이 되려면, 그냥 툴을 아는 걸 넘어서, 사람다운 감각을 잃지 말아야겠네요."

그 말에 팀장은 웃으며 한 장의 종이를 꺼내더니, 거기 커다란 알파벳 여섯 글자를 또박또박 써 내려갔다.

CHANGE

"이 여섯 글자를 기억해봐. 이 안에, 네가 진짜 주도권을 회복하는 길이 있을지도 몰라."

C Connection: 사람과 사람 사이의 감정적 연결을 회복하는 힘

H Humanity: 기술 속에서도 인간다움을 잃지 않는 매력

A Awareness: 현실을 직시하고, 나를 성찰할 수 있는 감각

N Narrative: 단순한 일 대신, 의미를 담은 이야기를 만드는 능력

G Growth: 반복이 아닌 변화에서 배움을 찾는 자세

E Empathy: 공감하고, 반응할 줄 아는 따뜻한 능력

2
왜 지치고, 왜 무기력한가?

AI 시대의 피로는 어디서 오는가?

AI 기술은 우리에게 전례 없는 속도와 편리함을 가져다주었다. 그런데 이상하다. 삶은 더 편해졌는데, 마음은 왜 이토록 지칠까? 자동으로 돌아가는 일상 속에서, 우리는 오히려 멈춰 서 있는 느낌을 받는다.
"지금 내가 하고 있는 일이 정말 내 일인가?"
"이건 그냥 AI가 대신해도 되는 일이 아닐까?"
이 질문들은 이제 우리 모두의 마음 한켠에 자리 잡고 있다.

의미 상실과 통제력 약화
AI가 모든 것을 대신 결정해주는 시대. 자동화된 보고서, 예측된 선택지, 추천받은 방향. 이런 흐름 속에서 인간은 점점 '보조자'로 밀려난다.

감만준 대리가 느꼈던 허탈감은 그 지점에서 시작된다. 더는 아이디어를 창출하는 자리가 아니라, 수정과 승인만 남은 자리에 자신의 이름을 없으며 존재감을 잃어가는 것이다.

자율성과 주도성의 상실

AI는 '최적화된 선택'을 제공한다. 하지만 인간의 자리는 그 앞에서 단순한 '집행자'로 바뀔 수 있다. 채민아 대리가 만든 기획안이 'AI 티가 난다'는 피드백을 받은 것도, 결국 마음이 빠진 결과였다. 주도성이 빠진 작업은 아무리 멋져 보여도 성취보다 허무함만 남긴다.

업무의 비인간화와 감정 소진

효율을 추구하는 루틴은 감정을 배제시킨다. 보고서를 써도, 회의를 해도, 기획서를 만들어도 "내가 했다"는 감각이 남지 않을 때, 우리는 지쳐간다. 그건 게으름이 아니라, 감정이 단절된 구조 속에서 오는 '정서적 소진'이다.

경쟁과 불안, 그리고 지속되는 초조함

AI는 빠르게 일자리를 재편한다. 새로운 기술이 새로운 직업을 만들기도 하지만, 기존 직무를 위협하기도 한다. 이제 우리는 AI와 경쟁하는 것이 아니라, AI를 더 잘 다루는 사람들과 경쟁하는 시대에 들어섰다.

그 긴장감은 서서히 불안을 부르고, 불안은 무기력함으로, 무기력은 "나는 쓸모없는 존재가 아닐까?"라는 자책으로 이어진다.

허탈함을 넘어서는 네 가지 실천

이제, 방향을 돌려보자.

감만준 대리의 이야기는 우리 모두의 거울일 수 있다. 우리는 어떻게 이 감정의 소용돌이에서 벗어날 수 있을까?

1) "나는 알파가 할 수 없는 일을 할 거야!"
   – 나만의 특별한 능력 찾기

AI는 데이터를 분석하고 계산하는 데 탁월하다. 그러나 인간만이 할 수 있는 일이 있다. 바로 공감, 창의적 사고, 다자 간 협업 같은 것이다. 만준 씨는 문구를 검토하는 데서 그치지 않고 '이 문구가 사람들의 마음을 어떻게 움직일까?'를 고민해야 한다. 그 통찰과 감각은 AI가 흉내 낼 수 없다.

2) "알파는 내 친구이자 도구야!"
   – AI를 내 편으로 만들기

AI를 적이 아니라 동료로 받아들이자. 알파가 마케팅 문구 초안을 빠르게 정리해준다면, 그 시간 동안 만준 씨는 고객의 심리를 더 깊이 들여다볼 수 있다.

AI가 하는 일은 도와주는 일이지, 내 진짜일을 빼앗는 게 아니다. 오히려 중요한 일에 집중할 수 있게 해주는 '시간 창출기'다.

3) "나는 계속 성장할 거야!"
   - 배우고 또 배우기

세상은 끊임없이 변하고, AI도 계속 진화한다. 우리는 멈추지 말고 배우고 적응해야 한다. 단순히 AI를 '쓰는 사람'을 넘어, AI의 작동 원리와 데이터 흐름을 이해하는 사람이 된다면 우리의 일은 더 깊고 넓어질 것이다.

4) "나의 진짜 가치는 무엇일까?"
   - 일의 의미 찾기

우리는 단지 '일하는 사람'이 아니다. 누군가에게 도움이 되고, 세상에 긍정적인 영향을 줄 수 있는 존재다.

만준 씨의 문구 하나도 누군가의 선택을 돕고, 삶에 작은 즐거움을 더해줄 수 있다. 그 의미를 다시 떠올릴 때, 우리는 허탈감 대신 '보람'이라는 감정을 되찾게 된다. AI 시대는 편리함을 주지만, 동시에 우리에게 질문을 던진다.

"나는 누구인가?"
"나는 어떤 일을 통해 살아 있음을 느끼는가?"
"무엇이 나를 일하게 하는가?"

이 질문에 답하려는 그 순간부터, 우리는 다시 '살아 있는 일'을 시작하게 된다. 그리고 그 여정은 AI가 결코 대신해줄 수 없다.

'CHANGE'라는 이름의 회복 루틴

C Connection: 감정적 연결의 회복

디지털 격차와 기술 배제는 감정의 연결을 어렵게 만든다. 키오스크 앞에서 망설이는 어르신, 챗봇에 익숙하지 않은 고객의 외로움. AI는 편리함을 제공하지만, 그만큼 정서적 소외도 키운다. 이 간극을 좁히는 것이 새로운 연결의 시작이다.

H Humanity: 인간다움의 재발견

AI 시대일수록 인간만이 가진 고유한 능력, 즉 공감, 창의, 사색이 더욱 중요해진다. 우리는 빠름보다 따뜻함을, 효율보다 사람을 중심에 두는 리더십이 절실하다. 이 따뜻함은 말 한마디, 눈빛 하나에서 출발한다.

A Awareness: 현실을 직시하는 용기

AI가 만드는 세상엔 그림자도 존재한다. 알고리즘 편향, 정보 격차, 자동화에 따른 일자리 불안. 이 현실을 직면하는 데서 진짜 인식이 출발한다. 외면이 아닌 마주보는 용기, 그것이 새로운 변화의 동력이다.

N Narrative: 감정을 담은 이야기의 힘

AI가 아무리 유려한 문장을 만들어도, 감정을 담은 이야기는 인간만이 할 수 있다. 반복된 형식보다 감정을 전하는 말 한마디가 리더십을 변화시킨다. 이야기로 소통하는 리더, 그것이 진짜 변화의 시작이다.

G Growth: 의미 있는 성장

기술에 대한 이해만으로는 충분하지 않다. 평생학습, 재교육, 자기성찰을 통해 우리는 '기능 중심'이 아닌 '의미 중심'의 성장을 만들어가야 한다. 속도를 좇는 대신, 나만의 결을 지닌 성장이 필요하다.

E Empathy: 공감, 진짜일을 가능하게 하는 힘

기술은 효율을 줄 수 있지만, 공감은 사람만이 줄 수 있다. AI는 데이터를 읽을 수는 있지만, 마음을 느끼진 못한다. 공감은 리더십의 출발이자, 인간이 하는 일의 본질이다.

채민아 대리는 'CHANGE'라는 키워드를 단순한 구호가 아닌, 교육 기획의 중심 뼈대로 삼기로 결심했다. 이제는 AI가 알려주는 정답보다, 현장에 있는 사람들의 감정을 먼저 듣는 일이 더 중요하다고 느꼈다. 더는 '정보 수집 → 정리 → 발표'로 이어지는 익숙한 공정에만 매달리고 싶지 않았다. 이제는 감정에서 출발해, 실천으로 이어지는 교육. 그것이야말로 '내가 만든 기획'을 진짜로 보여줄 수 있는 길이라고 믿었다.

그런 그녀에게 문득 떠오른 생각이 있었다. 시작은 교육이지만, 방향은 대표이사와 함께 잡는 게 좋겠다는 판단이었다. 사실, 그동안 리더십 교육은 수차례 있었다. 하지만 감동은 잠깐이었고, 실천은 늘 흐지부지 끝나곤 했다. 교육장을 나서는 순간, 사람들은 다시 익숙한 관행으로 돌아갔고, 실무 현장은 아무 일도 없었던 듯 고요했다.

이건 비단 한 조직만의 문제가 아니었다. 많은 기업에서 반복되는 풍경이었다. 교육 시간에는 눈시울이 붉어지고, 고개를 끄덕이며 깊은 공감이 오갔지만, 사무실로 돌아간 리더들은 다시 '지시하고 평가하는 사람'의 자리로 되돌아 갔다. 변화는 마음에서 시작되지만, 실천되지 않으면 결국 정체로 귀결된다.

대표이사는 이런 현실을 잘 알고 있었다. 사전 면담에서 그는 정확하게 지적했다.

"진정한 리더십은 말이 아니라, 행동에서 나옵니다. 제가 바라는 리더는 구성원들의 목소리를 끝까지 듣는 사람, 도전 앞에서 주저하지 않는 사람, 그리고 결국 신뢰를 얻는 사람입니다. 말뿐인 교육은 의미 없습니다. 듣고, 실천하고, 지속하는 것이 중요합니다."

그의 말에는 진심이 담겨 있었다. 단순한 교육 프로그램이 아니라, 조직 문화를 변화시키는 도화선이 되길 바라는 의지였다. 특히 그는 "성과 평가에 대한 구성원들의 불신"을 가장 큰 문제로 꼽았다.

"리더들은 '우리는 잘 평가하고 있다'고 말하지만, 구성원들은 결과를 믿지 않습니다."

그의 이 말은 현장의 감정적 간극을 그대로 드러냈다. 이번 리더십 교육은 결국, 조직 내 신뢰 회복의 시작점이 되어야 한다는 점을 채대리는 명확히 인식하게 되었다.

그래서 결심했다. 단순한 감동이나 멋진 강연이 아니라, 리더들의

'습관'을 바꾸는 교육이어야 한다고. '한 번의 인상'이 아니라, '일상 속 실천'으로 스며드는 설계가 필요하다고.

**이제 그녀는 'CHANGE'라는 여섯 글자 안에,
리더십 교육의 진짜 전환점을 담기 시작했다**

C Connection: 연결, 공감에서 시작하다

채대리는 진짜 이야기를 듣기로 마음먹었다. 관리자들의 목소리, 그들의 속내를 있는 그대로 마주하고 싶었다. 그래서 '현장 리더 심층 인터뷰'를 기획했다. 중간관리자 20명을 만나 이렇게 물었다.

"요즘 리더십에서 가장 힘든 점은 무엇입니까?"

한 팀장은 이렇게 답했다.

"요즘 직원들은 회의에서 아무 말도 안 해요. 내가 혼자 떠드는 느낌이에요."

또 다른 팀장은 조용히 말했다.

"공감받는 리더가 되고 싶은데, 방법을 모르겠어요."

이 대답들 앞에서 채대리는 고개를 숙였다. 리더들은 공감을 원했고, 외로웠다. 그래서 교육의 첫 단계를 'MZ와의 거리 좁히기'라는 공감 워크숍으로 기획했다. 'MZ공감카드 토크'라는 프로그램 안에서, 리더가 리더에게 묻고, 리더가 리더에게 공감했다.

공감은 거창한 것이 아니었다. "그럴 수 있겠다."는 말 한마디, "

나도 그랬어요."라는 눈빛. 그 작은 공감이 리더십의 시작임을, 관리자들이 처음으로 깨달았다.

H Humanity: 따뜻한 언어를 회복하다

기획안 하나하나에도 마음을 담고 싶었다. 예전엔 "리더십 전략을 학습합니다"처럼 딱딱한 문장이었다. 하지만 이번엔, 채대리는 이렇게 적었다.

"당신의 리더십은 누군가의 하루를 결정짓는 힘입니다."

"당신의 말 한마디가, 직원에게는 내일을 버티는 힘이 됩니다."

사람이 적은 문장은 달랐다. AI가 뽑은 문장이 아닌, 진심이 담긴 문장이었다. 채대리는 문장을 쓰며 울컥했다. '교육 기획이 이렇게 따뜻해질 수 있구나' 하고.

교육 시간에는 '말 한마디 실습' 시간을 만들었다. 칭찬, 공감, 격려의 말을 전해보는 연습. 그리고 '내가 받은 따뜻한 말'을 함께 나누며, '인간미 있는 리더'는 어떤 모습이어야 할지, 다 함께 느껴보았다.

A Awareness: 현실에서 출발하다

예전의 채대리는 해외 트렌드, 유명 기업 사례, 멋진 외국어에 기대곤 했다. 하지만 이번에는 달랐다. 먼저, '사내 리더십 설문조사'를 했다. 결과는 명확했다.

- 68%의 리더가 "직원과의 대면 소통이 점점 어려워진다"고 답했고,

- 52%는 "리더십 교육이 현실과 동떨어져 있다"고 느꼈다.

그래서 교육의 첫 시간은 '우리 조직 이야기'로 시작했다. 참가자들은 설문 결과를 함께 보고, 서로의 고민에 고개를 끄덕였다. 그리고 자신만의 '리더십 이슈'를 직접 적어보았다.
"직원이 말을 안 해요."
"요즘 너무 지쳐서 리더 역할이 버거워요."
"책임은 많은데, 인정은 없어요."
"요즘 세대는 자기중심적이라 힘들어요."

속에 있던 말들이 흘러나왔다. 그리고 강의실 안은, 이상하리만큼 따뜻해졌다. 서로가 '나만 힘든 게 아니었구나'를 느낀 것이다.

채대리는 특히 'Awareness'에 깊은 시선을 두었다. 회사는 과거의 명성에 비해 시장 악화와 수익성 저하로 위기 상황에 놓여 있었고, 노조는 해마다 복지 확대를 요구하며 목소리를 높였다. 현장은 자부심보다 불만이 쌓였고, 중간관리자들은 그 사이에서 지쳐가고 있었다.

"위로는 회사의 현실을 설명하고, 아래로는 직원들의 감정을 받아줘야 해요. 그 사이에서 점점 내가 사라지는 느낌이에요."

한 관리자의 이 말은, 많은 리더의 가슴을 울렸다.

채대리는 결심했다. 이 교육은 '희망만 말하는 시간'이 아니라, 현실을 직면하고, 함께 해석하는 시간이 되어야 한다고. 그래서 첫 질문은 이렇게 시작했다.

"지금 우리 회사의 가장 큰 고민은 무엇인가요?"

"여러분이 매일 마주하는 리더로서의 고충은 무엇인가요?"
"그 어려움 속에서도 지켜야 할, 나의 감정은 무엇입니까?"

N Narrative: 이야기가 흐르게 하다

채대리는 이번 교육이 지식을 나누는 강의가 아니라, 이야기가 흐르는 장이 되기를 바랐다. 그래서 선택한 방식은, 실전에서 온 이야기. 시뮬레이션 훈련이었다.

2년 전, 신입사원 교육 도중 울먹이며 말하던 한 직원의 목소리가 떠올랐다.

"관리자분들이 너무 무서워요. 말 걸기도 어렵고, 친해지기 어려워요."

그 이야기를 중심으로, '세대 간 거리 좁히기' 시뮬레이션이 만들어졌다. 강의실 한편엔 MZ세대 직원들의 실제 음성을 담은 리스닝 코너도 마련했다. 그날 교육장에서 나온 말들.

"저는 처음으로 직원의 이야기를 들은 것 같아요."
"그동안 내가 만든 거리였구나, 반성하게 됩니다."

사람의 마음은 숫자가 아니라 이야기에서 움직였다. 마음이 움직이자, 실천은 자연스레 따라왔다. 그것이 바로 리더십 교육이 지향해야 할 방향임을, 채대리는 확신했다.

G Growth: 속도보다 깊이를 추구하다

교육의 마지막 세션, 채대리는 '나의 리더십 루틴 만들기'라는 제목을 붙였다. 듣고 끝나는 교육이 아니라, 살며 실천되는 루틴을 만들고 싶었기 때문이다.

예를 들어, '아침 5분 감정 인사', '회의 전 1분 감정 체크', '격려 메모 주고받기' 같은 작고도 구체적인 실천 항목들을 참가자 각자 직접 써보도록 했다.

처음엔 어색해하던 리더들도, 하나둘씩 자신의 일상에서 가능한 루틴을 떠올리기 시작했다. '지시'에서 '관계'로, '업무'에서 '감정'으로 옮겨가는 시간이었다. 교육 이후, 몇몇 부서에선 변화가 실제로 일어났다. 어떤 팀장은 회의 마지막에 이렇게 말했다.

"오늘 가장 고마웠던 동료에게 한 마디 칭찬해볼까요?"

또 다른 팀장은 '1:1 산책 미팅'을 정례화했다. 회의실 대신 걷는 대화 속에서 더 많은 진심이 오갔다. 교육은 끝났지만, 실천은 살아 움직이기 시작했다. 성장은 바로 그곳에서 조용히 피어나고 있었다.

E Empathy: 마음을 중심에 두다

교육의 마지막 날, 채대리는 단 하나의 질문으로 마무리하고 싶었다.

"나는 어떤 리더가 되고 싶은가?"

그 질문 앞에서 참가자들은 잠시 멈춰 섰다. '감정 공감 연극', 묵상과 나눔 시간, 그리고 자신의 이야기를 적는 한 장의 종이. 그것은 단순한 활동이 아니라, 기술로는 대신할 수 없는 감정의 시간이었다.

어떤 참가자는 조심스럽게 손을 들었다.

"이제부터는 내 감정도 살펴보며 일하려고 합니다.

기술보다 먼저, 사람이 있다는 걸 잊지 않겠습니다."

그 말은 교육장을 조용하게 물들였다. 누군가는 눈을 감고 고개를 끄덕였고, 누군가는 조용히 메모를 남겼다.

CHANGE는 그렇게 단순한 키워드가 아닌 채대리와 리더들의 마음과 연결된 루틴으로 자리 잡기 시작했다. 속도가 아닌 진심, 결과가 아닌 울림. 그 변화는 조직의 가장 깊은 곳에서부터 천천히 시작되고 있었다.

AI는 수단이고, 사람은 목적이다

채대리는 이번 교육 기획과 실행을 마치며 다시 한 번 마음 깊이 다짐했다.

"AI는 수단이고, 사람은 목적이다. 진짜 교육은 사람의 내면을 깨우는 여정이어야 한다."

그러면서 문득, 얼마 전 뉴스에서 본 한 사람의 말이 떠올랐다. "기술은 인간을 닮되, 인간을 넘지는 말아야 한다." AI미래기획수석으로 선임된 한 고위 공직자의 이 말은 단순한 수사가 아니라, 우리가 기술을 어떻게 바라보아야 하는지에 대한 철학이자 방향성처럼 다가왔다.

교육이 끝난 뒤, 내부 게시판에는 단순한 만족도 점수를 넘어선 마음의 움직임이 고백처럼 쏟아졌다.

"교육 이후, 팀원과의 대화가 달라졌습니다. 이제는 대화 속에도 숨을 고를 틈이 생겼어요."

"감정 없는 반복에서 벗어나, 감정이 있는 실천을 시작했습니다."

"내가 만든 보고서가 아니라, 내가 만든 의미를 다시 찾게 되었습니다."

몇몇 부서에서는 교육 당시 작성한 루틴을 바탕으로 자율적인 실천 프로젝트들이 조용히 시작되었다. '감정 공유 일지', '월간 리더 다이어리', '나의 말 사용법 점검표' 같은 시도들이 조직 곳곳에서 피어나기 시작했다.

관리자들은 회의 중 자신도 몰랐던 말투를 돌아보게 되었고, 직원들은 상사의 눈빛이 어딘가 조금은 부드러워졌다고 느꼈다. 작지만, 분명한 변화였다.

채민아 대리는 조용히 자신의 노트를 펼쳐 한 줄을 꾹 눌러 적었다.

"기획이란, 정보를 정리하는 일이 아니라

사람의 감정을 설계하고, 실천의 씨앗을 심는 일이다."

그 문장을 쓰는 손끝이 살짝 떨렸다. 이번 기획서를 처음 썼을 때 느꼈던 공허함과는 완전히 달랐다. 이번에는 확실히, '내가 했다'는 감정이 남아 있었다.

기록보다 선명한 기억. 문장보다 깊은 체험. 그녀는 그렇게 이번 일을 마무리했다. 그리고 다시 책상 앞에 앉아, 조용히 혼잣말을 했다.

"이제야, 진짜일을 한 기분이야."

그 말은 누구에게 들리진 않았지만, 그녀에겐 가장 확실한 선언이었다. 일이 아니라, 살아 있는 무언가를 남긴 하루.

그것이 진짜일이었다.

3
진짜일은 감정이 머무는 자리다

나는 지금, '진짜' 일을 하고 있는가?

채민아 대리의 사례는 우리에게 많은 것을 생각하게 한다. AI 기술의 발전으로 일 처리는 빨라졌지만, 정작 마음 둘 곳은 줄어들었다는 것을 우리는 알고 있다. 기술은 우리의 능력을 돕지만, 그 과정에서 감정은 점점 비워지고 있다.

기계가 빠르고 정확하게 일을 처리할수록, 우리는 "이게 정말 내가 한 일이 맞나?"라는 의문과 함께, 어쩐지 공허함을 느끼게 된다.

'편해졌는데도 더 피곤한' 이 감정은 게으름 때문이 아니다. 오히려, 우리가 잊혀졌다는 마음의 신호이자, 존재감이 사라진 자리에서 울리는 조용한 경고음이다. 하루를 온전히 보냈지만 아무런 기억이 남지 않고, 성과는 쌓였지만 '나'는 지워진 것 같은 느낌. 그 순간, 우리는 문득 이런 질문을 떠올린다.

"지금 하고 있는 이 일이 정말 진짜일인가?"
"나는 과연, 이 일 속에 살아 있었을까?"

이 질문은 불편하다. 때로는 외면하고 싶어진다. 하지만 이 질문이 없다면 우리는 계속해서 '일처럼 보이는 일', 즉 '가짜 일'을 반복하게 될지도 모른다. "일을 해도, 내가 일한 것 같지 않다"는 누군가의 말처럼, 손은 일했지만 마음은 남지 않은 감정 없는 일은 우리를 지치게 한다.

감정의 참여가 빠진 결과 중심의 업무는, 일을 마친 후에도 '내가 한 일'이라는 실감을 주지 않는다. '나는 처리했을 뿐, 실천하지 않았다'는 생각이 스며들고, 살아 있는 '나'는 오늘 하루 어디에 있었는지 묻게 된다.

결국, 감정 없는 루틴은 무기력으로 이어진다. 그리고 무기력은 누구에게나 찾아올 수 있다. 늘 강인한 모습만 보여주던 LPGA 박세리 선수조차, 명예의 전당 헌액 후 입스와 슬럼프로 힘든 시기를 보냈다. 우리가 느끼는 무기력은 단순한 의지 부족이 아니다. 그것은 반복되는 일상 속에서 감정이 사라지고, 점점 작아지는 '나'로부터 오는 회의감이다.

반복되는 메일, 보고서, 회의 속에서 우리는 바쁘지만 허전하다. 일을 했지만 멍한 기분은 게으름이 아니라, 몰입이 끊긴 감정의 단절에서 비롯된다. 일상이 익숙해질수록 감정은 마모되고, 마모된 감정은 우리를 천천히, 그러나 확실히 지치게 만든다.

한 조직의 리더는 이렇게 말했다.

"요즘 일은 다 잘 돌아가요. 자동화도 잘 되어 있고, 실수도 거의 없어요.

그런데도 자꾸 뭔가 중요한 걸 놓치고 있다는 생각이 들어요."

그 '중요한 것'은 무엇이었을까? 그것은 바로 사람이었고, 감정이었고, 존재의 흔적이었다.

회의실마다 빼곡한 문서가 넘치고, 보고서에는 지표와 그래프가 가득해도, 거기에 '나'의 목소리가 사라진다면 우리는 아무것도 하지 않은 것과 같아질지도 모른다.

결국, AI 기술의 홍수 속에서 우리가 느끼는 피로감의 정체는 '몰입'이 아니라 소진이다. 우리는 자주 스스로를 비난한다.

"나는 왜 이렇게 지치지?", "게을러진 걸까?"

하지만 무기력은 게으름의 결과가 아니라, 감정 없는 반복에서 오는 구조적 피로의 징후다.

몰입은 사람을 살리지만, 반복은 사람을 깎아낸다

몰입은 에너지를 충전하지만, 반복은 에너지를 소진시킨다. 신나게 게임을 할 땐 몇 시간이 순식간에 지나가지만, 하기 싫은 숙제를 할 땐 10분도 길게 느껴진다. 일도 마찬가지다. 몰입은 나를 살아 있게 하지만, 반복은 나를 지치게 한다. 그래서 "다 했는데 지쳤다"는 말 속에는, 성과는 남았지만 감정이 버려진 오늘이 숨어 있다.

우리는 게으른 것이 아니다. 무기력은 신호일 뿐이다. 이제 자기 비난을 멈추고, 감정 회복의 시간을 가져야 한다. 몰입을 다시 시작하려면, 성과보다 감정을 먼저 되살려야 한다. 감정이 있어야 실천이 가능하고, 실천이 있어야 존재가 확인된다.

그러니 이제 다시 물어야 할 때이다.

"나는 왜 이 일을 하는가?"

"이 일은 누구를 위한 것이며, 나는 그 안에서 숨 쉬고 있는가?"

이 질문을 품는 순간, 우리는 다시 '사람의 일'을, 그리고 **진짜일**을 시작할 수 있다.

감정과 실천이 담겨야 일이 된다

최근 회사의 마케팅 전략 회의에서 있었던 일이다. 냅킨AI, 감마AI 등 인포그래픽 생성 도구를 활용해 만든 멋진 보고서가 본부장의 책상 위에 올라왔다. 표지는 시선을 끌었고, 문장은 매끄러웠으며, 자동 생성된 요약문은 논리적이었다. 팀원들은 감탄했고, 그 보고서를 만든 과장은 조용히 미소 지었다.

하지만 본부장은 한참을 들여다보더니, 천천히 물었다.

"이 중에 진짜 '당신 생각'은 어디 있나요?"

그 순간, 회의실 공기가 얼어붙었다. 과장은 대답하지 못하고 고개를 숙였다. 보고서는 완벽했지만, 그 안에는 '그 사람의 마음의 흔적'이 없었다. 성과는 있을 수 있으나, 존재는 빠져 있었다. 그건, **진짜일이 아니었다.**

누가 시켜서 억지로 한 일, 하지 않으면 눈치 보일까 봐 만든 일, 의미 없이 형식만 채운 보고서, 스스로도 왜 했는지 모르는 일. 이런 '일인 듯한 일'은 조직을 자라게 하지 않는다. 그저 존재를 증명하려는 껍데기일 뿐이다.

마치 예산을 소진하기 위해 연말마다 보도블록을 뜯는 지자체처럼,

아무 의미도 감흥도 지지마저도 남기지 못한다.

진짜일은 마음이 담긴 일이다

내가 직접 본 시선, 내가 쓴 언어, 내가 느낀 감정이 담긴 일이다. 조금 서툴고 느릴지라도, 그 일은 더 강하게 남는다. 누군가의 하루를 바꾸고, 나의 마음을 기억하게 한다. 그날 회의실에 있었던 감만준 대리는 회의가 끝난 후 조용히 이렇게 적었다.

"진짜일은, 내가 살아 있었다고 말할 수 있는 일이다."

기술은 형태를 만들 수 있지만, 감정까지는 복제하지 못한다. GPT는 보고서를 완성할 수 있지만, 그 안에 담긴 나의 진심은 대체할 수 없다. 그래서 진짜일은, 여전히 사람의 몫이다.

성과만 남기는 일이 아니라, 감정과 기억을 남기는 일. 그것이 '진짜일'이다.

사례 1. 홍보팀 박서진 대리의 '익명 인터뷰'

박서진 대리는 어느 날, 사내 소식지의 마지막 페이지에 새로운 코너를 기획했다. 이름하여 '익명 인터뷰'.

"요즘 회사에서 가장 힘들었던 순간은 언제인가요?"

부서나 직급을 가리지 않고, 익명으로 자유롭게 의견을 받았다.

예상 외로, 반응은 뜨거웠다. "회의 중 아무도 내 말을 듣지 않을 때", "실수했는데 누구도 괜찮다고 말해주지 않을 때", 그리고 더 깊은 현실의 이야기들도 있었다.

- 인력 충원 없는 퇴사로 계속 업무가 늘어날 때
- 성과 압박은 크지만 기준은 모호할 때
- 안전사고 발생 시 즉각 대응하며 느낀 두려움
- 보고와 결재가 반복돼 진척이 막힐 때
- 가족보다 회사에 더 많은 시간을 쏟고 있음을 느낄 때

박 대리는 이 응답들을 조심스럽게 정리해 소식지에 실었다. 그리고 그 아래 이렇게 적었다.

"이건 단순한 소식이 아니라, 우리가 서로 어떻게 살아가는지를 보여주는 이야기입니다."

그 문장을 본 한 직원은 눈시울을 붉혔다. "나 혼자만 힘든 게 아니었구나." 그건 공감이자, 위로였다.

이 일은 KPI도, 인센티브도 없었다. 하지만 자발적으로 시작했고, 마음을 담았으며, 실천의 흔적이 남았다. 그것이 바로 '진짜일'이었다.

사례 2. 노사협력팀 이정훈 과장의 '협상 너머의 마음들'

노사협력팀 이정훈 과장은 한동안 마음이 무거웠다. 매달 반복되는 노사협의회, 날선 표정과 상처뿐인 언어들. 그는 종종 자신이 '중재자'가 아니라 '방패막이'처럼 느껴졌다.

그러다 어느 날, 그는 결심했다.

"나는 회의를 준비하는 사람이 아니라, 관계를 돌보는 사람이 되자."

그는 노조 간부 한 명에게 먼저 점심을 제안했다. 대화는 서먹했

지만, 진심으로 물었다.

"요즘 현장 분위기는 어떤가요?"

"가장 힘들었던 순간은 무엇이었나요?"

그 뒤로 그는 매주 한 명씩, 듣기 중심의 점심을 이어갔다. 그리고 그 대화에서 나온 반복되는 감정을 묶어 이름을 붙였다.

"협상 너머의 마음들 – 현장 목소리 정리 보고"

이 보고서는 사장과 임원진에게 전달되었고, 회의실에선 한동안 정적이 흘렀다. 그리고 누군가 말했다.

"이건 쟁점이 아니라, 우리가 놓치고 있던 현실의 온도네요."

그 순간 이 과장은 깨달았다. "이게 바로 진짜일이구나."

누구도 시키지 않았고, 성과 평가에 반영되지도 않았다. 하지만 감정이 있었고, 실천이 있었으며, 사람이 있었다.

진짜일은, 감정과 실천이 함께 있을 때 비로소 완성된다. 감정이 없는 실천은 기계적이고, 실천이 없는 감정은 감상에 그친다. 그 둘이 만나는 지점에서, 비로소 살아 있는 일이 탄생한다. 그리고 우리는, 그 일을 했을 때야말로 말할 수 있다.

"나는 오늘, 살아 있었다."

나의 흔적이 남는 일이 진짜일이다

우리가 진짜 바꿔야 할 것은, 기술의 완성도가 아니다. 바꿔야 할 것은 '일하는 나'의 감정과 몰입의 상태다.

하루 중, '나의 감정'이 깃든 순간이 있었는가? 기술이 대신하는 사이, 나는 내 감각을 놓치고 있지 않았는가? 성과는 냈지만, 나는 그 안에서 사라진 건 아니었는가?

어쩌면 우리는 너무 오랫동안 '속도'에만 집중해 왔는지도 모른다. 빨리 끝내는 일, 효율적인 일, 자동화된 일. 그러나 정말 중요한 것은 이 질문이다.

"그 일을 통해, 나는 누구였는가?"

진짜일은, 나의 흔적이 남는 일이다. 그 흔적은 타인의 기억 속에 남고, 나 자신의 기록 속에도 오래도록 남는다. 말 한마디로 누군가를 웃게 한 순간, 작은 기획이 동료의 마음을 건드렸던 그때, 눈빛 하나로 위로를 전했던 짧은 찰나. 그런 순간들이 쌓여 하루가 되고, 관계가 되고, '나'라는 사람의 일의 궤적이 된다.

이제 우리에게 필요한 질문은 이것이다.

- 나는 어떤 순간에 지쳤는가?
- 어떤 일이 내 감각을 깨웠는가?
- 지금 내가 하는 이 일은 누구의 것이며, 나는 그 안에 어떻게 남아 있는가?

이 질문을 품는 순간부터 우리는 단순히 바쁜 하루가 아니라 울림 있는 하루, 진짜일의 하루를 살아가기 시작한다.

다시, 채민아 대리를 떠올려본다. 그녀는 어느 날, 스스로에게 이렇게 물었을지 모른다.

"나는 오늘, 뭘 했지?"

손끝은 키보드를 누르고, 문서는 완성됐지만 어쩐지 오늘 하루는 그녀가 없었다. 피지컬 AI가 공장에 들어오고, 휴머노이드가 물류를 대신하고, 초임 개발자가 AI에 밀리는 시대.

경쟁자는 이제 사람이 아니라 비서 역할을 해주는 '기계들'이 되고 있다. 그렇기에 지금 우리가 느끼는 피로는 단순한 업무 스트레스가 아니다.

'감정의 저항', AI와 경쟁하며 인간으로 살아남기 위한, 아주 인간적인 저항일지도 모른다. 그녀는 이미 알고 있었을 것이다.

- OpenAI와 펜실베이니아대 연구에 따르면, 전 세계 일자리의 20% 이상이 절반 이상 대체될 가능성이 있다는 것.
- 의료, 법률, 개발, 심지어 상담처럼 '정서 노동' 영역까지 AI가 서서히 침범하고 있다는 것.
- 이제 AI는 단순 대화형을 넘어 스스로 도구를 사용하는 '에이전트' 단계에 접어들고 있다는 것.

엑셀을 돌리고, 파워포인트를 만들고, 코드까지 짜는 이 새로운 종種 앞에서 "나는 무슨 일을 해야 할까?"라는 질문이 떠오를 수밖에 없다.

혹시 당신도, 이런 말을 해본 적 있는가?

"오늘 하루 종일 바빴는데… 왜 아무 기억도 없지?"

그렇다면, 지금 당신이 하는 일이 '일처럼 보이는 일', 가짜 일은 아닌지 돌아볼 때다. 가짜 일은 형태만 남고, 감정은 사라진다. 일을 마쳤지만 마음은 공허하고, 성과는 냈지만 '나는 그 안에 없었던' 날들. 보고서는 채워지고, 회의실 벽은 자료로 빼곡해져도 정작 나라는 사람의 흔적은 사라진다.

그 반복이 쌓이면 우리는 점점 '내 일을 해도 남의 일을 한 것 같은' 기분에 사로잡히게 된다. 이제는 구분해야 한다.

- 진짜일과 가짜 일을.
- 기술이 만든 형식과, 사람이 만든 의미를.

예로부터 이런 말이 있다.

"어제와 같은 오늘을 살면서, 내일이 달라지길 바라는 건 도둑놈 심보다."

일은 했지만 나아진 것이 없고, 바쁘게 보냈지만 의미는 남지 않을 때, 우리는 되묻게 된다.

"이렇게 계속 살아도 되는 걸까?"

변화는 우연히 오지 않는다. 진짜일은, 어제와 같은 오늘을 용기 있게 거스르는 그 한 걸음에서 시작된다.

이 일은 누구의 의미를 담고 있는가?

AI 덕분에 우리는 빠르게 실행하고, 정확히 처리하는 데 익숙해졌다. 하지만 그 일이 정말 필요한 일이었는지, 왜 이걸 하는지는 더 이상 묻지 않았다. 그 침묵은 AI가 만든 것이 아니다. 우리가 스스로 포기한 질문에서 시작된 것이다.

AI는 우리에게 많은 것을 주었다. 속도, 편리함, 자동화된 결과. 그러나 그 속에서 우리가 잃어버린 것도 있다.

- '내가 일하고 있다'는 감각
- '내가 이 일을 했다'는 주인의식
- '이 일이 나의 의미였다'는 존재의 흔적

편리함이 깊어질수록, 인간은 외로워지고 있다. 모든 것이 자동화된 세상에서 우리는 다시 묻는다.

"나는 왜 이 일을 하는가?"

"이 일은 누구를 위한 것이며, 나는 그 안에 살아 있었는가?"

그 질문을 품는 용기, 그 질문에 답하려는 실천. 바로 그 지점에서 우리는 비로소 다시 살아 있는 '진짜일'을 시작할 수 있다.

지금까지 우리는, AI 대전환 시대에 우리가 겪는 고민과 그 해결을 위한 사례들을 함께 살펴보았다. 그리고 이제, 우리 안에 하나의 질문이 떠올랐다.

"이 일은, 누구의 의미를 담고 있는가?"

이 질문은, 어쩌면 지금까지 미뤄왔던, 진짜 시작일지도 모른다.

2장

일은 끝났는데, 나는 왜 사라진 기분일까?

일은 했는데, 그 안에 '나'는 없었다

강미숙

1
결과는 남았지만, 나는 왜 이렇게 허전한가?

"수정했습니다"… 그런데 왜 공허할까?

"수정해서 다시 올렸습니다." 이 말은 요즘 업무 대화에서 하루에도 몇 번씩 오간다. AI가 요약해주고, 맞춤법을 고쳐주고, 문장도 매끄럽게 바꿔준다. 예전 같으면 서너 시간을 붙잡고 씨름했을 문서도 이젠 단 10분이면 완성이다.

처음엔 너무 좋았다. 업무 속도가 붙었다. 시간은 절약되고, 품질은 올라갔다. 내가 좀 더 '일 잘하는 사람'이 된 것 같기도 했다.

그런데… 이상하게도 마음은 가벼워지지 않았다. AI가 더 잘할수록, 나는 더 비워지는 느낌이었다.

효율성은 올랐지만, '나'는 사라지고 있었다

AI는 실수를 줄여주고, 반복을 줄여준다. '빠르고 정확한 일'에는 AI

가 제격이다. 하지만 그렇게 완성된 보고서를 보고도 내 안엔 성취감이 남지 않았다.

"이걸 정말 내가 만든 걸까?"

"GPT가 대신 정리한 건데, 이게 진짜 내 말일까?"

'성과'는 남았는데, '감정'은 사라졌고, '울림'도 없었다. 나는 그저 입력하고, 수정하고, 제출한 사람일 뿐이었다. 마치 복사기 앞에 선 기계처럼.

AI는 질문하지 않는다. 질문을 잃는 순간, 인간도 사라진다

예전에는

"이 내용은 정말 필요한 걸까?"

"왜 이걸 고쳐야 하지?"

"내가 진짜 전달하고 싶은 건 뭘까?"

이런 질문이 머릿속을 떠나지 않았다.

하지만 이젠 "그냥 AI한테 돌려보면 되지"라는 말이 먼저 떠오른다. 질문이 사라지면, 사고도, 감정도, 존재감도 함께 사라진다. AI는 '정답'을 내놓지만 나는 점점 '이 일을 왜 하는지' 잊어간다.

반복된 수정이 아닌, '나의 감각'을 회복해야 할 때

오늘도 세 번째 보고서를 수정했다. 맞춤법도 완벽하고, 문장도 정갈하다. 그런데, 거기엔 '나의 생각'이 없다. '내가 왜 이 문장을 썼는지'에 대한 맥락이 없다. 문득 이런 질문이 떠오른다.

"지금 이 일에서, 나는 어디에 있지?"

이 질문은 불편하지만, 우리를 '진짜일'로 이끈다. AI가 대신할 수 없는 그 영역. 나의 감각, 나의 언어, 나의 이유.

구분	장점	한계	우리가 회복해야 할 것
속도	빠른 수정, 문서 작성	사고 과정 생략	생각하는 힘
정확성	맞춤법, 문장 개선	감정·톤 상실	나만의 언어감각
효율성	반복 업무 자동화	의미 없는 반복 가능성	'왜'의식과 목적감

QDer 질문

- 오늘 수정한 문서 중, '내 생각'이 담긴 문장은 있었는가?
- AI의 도움을 받았지만, 내가 꼭 넣고 싶었던 메시지는 무엇이었는가?
- 이 일을 반복하면서, 나는 점점 성장하고 있는가? 아니면 사라지고 있는가?

QDer 메시지

AI는 우리를 도와준다. 하지만 진짜 중요한 건, 내가 이 일을 왜 하고 있는지를 잃지 않는 것. 질문은 인간만이 던질 수 있는 특권이다. 그리고 그 질문 속에서 우리는 '진짜일'로 돌아가는 감각을 회복할 수 있다.

숫자는 남았지만, 감정은 지워졌다

성과 지표는 나쁘지 않았다. 보고서는 마감 기한보다 이틀 일찍 제출됐고, 조회수도 높았고, 팀장도 "수고했어"라고 말했다. 그런데, 내가 만든 그 보고서를 다시 열어보며, 이상하리만치 '내 감정'이 기억나지 않았다.

이 문장을 왜 썼는지, 이 자료를 왜 인용했는지, 이 구조를 왜 선택했는지, 전혀 떠오르지 않는다. 그저 결과만 남아 있었다. 성과는 남았지만, 나는 없었다.

감정 없는 실천은, 나를 지우는 일이다. 성과에 집중하면 할수록 우리는 감정의 흔적을 잃는다.

"잘했어"라는 말은 들었지만 '무엇이 좋았는지', '무엇이 나의 색깔이었는지' 아무도 말해주지 않는다.

보고서는 남았지만, 나라는 사람은 그 어디에도 없었다. 마치, 내가 아니라 누군가가 대신 쓴 것처럼 표준화된 보고서, 정제된 언어, 객관적 자료만 떠돈다.

우리는 언제부터 '성과'만 보고 '사람'을 놓쳤을까?

지표를 잘 만드는 게 능력이라고 배웠다. 숫자를 설명할 수 있어야 인정받는다고 들었다. 그래서 나도 그렇게 해왔다. 하지만 어느 날, 질문이 생겼다.

"나는 이 보고서를 만들며, 한 번이라도 떨리는 마음을 느꼈던 적이 있었나?"

"이 숫자에 내가 중요하게 생각한 의미는 있었을까?"

없었다. 그냥 요구받은 프레임에 데이터를 채워 넣었을 뿐이다. 나는 효율적이었고, 정확했지만, 사라지고 있었다.

감정의 흔적을 남길 때, 일이 '기억'이 된다. 이제는 생각한다. 무언가를 완성했다는 기록보다, 무엇을 느끼며 만들었는지가 더 중요하다고.

내가 몰입했던 순간, 고민했던 한 줄, "이건 꼭 넣고 싶다"는 감정, 그 흔적이 남아야 그 일은 나의 경험이 된다. 기계는 결과만 남기지만, 인간은 흔적을 남긴다. 그게 바로 진짜일의 조건이다.

실천 리마인드

구분	효율 중심 일	감정 중심 일
목적	정해진 결과를 빠르게 달성	과정 안에서 의미를 발견
흔적	결과물만 남음	나의 생각, 감정, 언어가 남음
성장	반복형 기술 숙련	몰입 경험에서의 자아 확장

QDer 질문

- 오늘 만든 결과물에서, 내가 가장 몰입한 순간은 언제였는가?
- 숫자와 성과 뒤에 숨은 나의 가치나 감정은 무엇이었나?
- 이번 업무를 통해 나는 어떤 점에서 성장했는가, 또는 비워졌는가?

> **QDer 메시지**
>
> 성과는 증명할 수 있지만, 감정은 기억되어야 한다. 기억되지 않는 일은 나를 성장시키지 않는다. 감정의 흔적을 남기는 실천, 그게 바로 AI 시대에도 인간으로 남는 일이다.

진짜일은 울림이 남는다, 그것이 차이다

일을 마치고 집으로 가는 길. 생각보다 피곤하지 않았다. 몸은 고단했는데, 마음은 이상하게 가벼웠다. 그날은 누가 시켜서가 아니라, 내가 먼저 제안했고, 내가 원하는 방식으로 풀어냈고, 중간중간 "이건 좀 다르게 해보자"는 욕심도 부렸다.

결과는 완벽하진 않았지만, 이상하게도 그 일은 기억에 남았다.

"아… 이게 바로 '울림이 남는 일'이구나."

진짜일은 '잘한 일'이 아니라, '느껴지는 일'이다. 성과지표가 높았던 지난주 프로젝트는 기억이 흐릿하다. 반면, 누군가와 격렬하게 토론했던 아이디어 회의, 밤늦게까지 자료를 붙잡고 "이건 꼭 넣어야 해"라며 고민했던 순간, 그런 시간은 지금도 생생하다. 울림은 기록보다 오래 남는다.

조직의 기준은 정답을 말하지만, 감각은 진짜를 가려낸다

조직은 말한다.

"보고서는 깔끔해야 해."

"데이터는 객관적이어야 해."

"프로세스는 효율적이어야 해."

맞는 말이다. 하지만, 그 말만 좇다 보면 '일이 나를 스쳐지나가는 느낌'을 받는다. 나는 거기 없고, 표준화된 말투, 전형적인 표현, 익숙한 도식만 남는다. 그 순간, 질문이 떠오른다.

"이 보고서, AI가 대신 썼어도 똑같았을까?"

울림이 남는 일에는 세 가지 요소가 있다

- 나의 감정: 단순한 만족이 아니라, 불편함, 기쁨, 아쉬움, 긴장감 같은 살아있는 감정의 흔적
- 나의 질문: "이건 왜 해야 하지?", "다르게 할 수 없을까?", 내가 던진 질문이 있을 때, 일은 방향을 갖는다.
- 나의 선택: 누가 시켜서가 아니라, 내가 주체적으로 정하고 결정한 실행

이 세 가지가 있을 때, 우리는 "그건 내가 했던 일이야"라고 말할 수 있다. 그리고 그것이 진짜일의 증거다.

진짜일 vs 가짜일 비교 테이블

구분	가짜일	진짜일
감정	무감각, 무기력	몰입, 긴장, 생동감
질문	없음. 반복적 실행	끊임없는 자문과 탐색
주체성	수동적 반응	선택과 책임
흔적	결과만 남음	감정과 에너지 남음
기억	사라짐	오래 남음(울림)

QDer 질문

- 최근 한 일 중 오래 기억에 남아 있는 순간은 언제였는가?
- 왜? 그 일은 성과보다 감정이 더 진하게 남지 않았는가?
- 조직의 평가가 아닌 나의 울림으로 판단할 때, 나는 어떤 일을 진짜 일이라 부를 수 있을까?

QDer 메시지

성과는 평가를 남기고, 울림은 나를 남긴다. AI가 빠르게 일하는 시대일수록 속도보다 중요한 건 "내가 있었던가?"라는 질문이다. 진짜일은, 끝난 후에도 내 안에 감정이 남아 있는 일이다. 그 감정이, 나를 성장시키고 기억하게 한다.

2
질문을 잃은 순간, 나는 흐려지기 시작했다

"그냥 하던 대로 해"… 그 말이 위험한 이유

"그냥 하던 대로 해." 너무나 흔하게 들려오는 말. 특히 마감이 촉박할 때, 실수하면 안 될 때, 상사가 바쁠 때, 이 말은 마치 안전벨트처럼 들린다. 하지만 나는 그 말을 들을 때마다 어딘가가 멈춘다. 머릿속 질문이 멈추고, 가슴 속 감각이 식는다. 나는 그 순간, 기계처럼 움직인다.

익숙함은 편리하지만, 질문을 지운다. 하던 대로 하면, 생각하지 않아도 된다. 결정하지 않아도 되고, 실패할 일도 줄어든다. 하지만 동시에 '나만의 시선'도, '감정의 개입'도 사라진다. 보고서를 다시 쓸 필요도 없고, 디자인을 새로 고민하지 않아도 되지만, 성장은 없다. 그저 '전달자', '복제자', '수행자'가 될 뿐이다.

"질문 없는 실천"은 AI도 할 수 있다. AI는 오류 없이 반복할 수 있다.

AI는 피로하지 않고 밤새 일할 수 있다. AI는 창의성 없이도 정답을 찾을 수 있다. 그런데, 그런 일, 나도 하고 있는 건 아닐까?

"이건 왜 이렇게 하는 걸까?"

"다른 방법은 없을까?"

"이 방향이 진짜 도움이 될까?"

이 질문이 사라지는 순간, 우리는 더 이상 생각하는 인간이 아니다. 그저 효율적인 존재일 뿐이다. 생각을 멈추는 순간, 감정도 멈춘다. 질문이 끊긴 실천은 감정이 끊긴 실천이다. 느끼지 않으려면, 생각하지 않으면 된다.

"그냥 하던 대로"는 한때 안전한 루틴이었지만, 지금은 자아를 마비시키는 루틴이 되어버렸다. 익숙한 길이지만, 그 길에는 울림도, 배움도, 나의 흔적도 없다.

변화의 시작은, 다시 질문하는 용기다

나는 요즘 작은 실천을 하나 시작했다. 보고서를 만들기 전, 항상 이 질문을 적는다.

- "이번엔 다르게 할 수 있는 게 뭐지?"
- "내가 이 일에서 꼭 지켜야 할 가치는 뭘까?"
- "지금 이 방식이, 진짜 효과적인가?"

이 질문은 가끔 귀찮고, 가끔 무의미해 보이지만, 나를 자동화된 일이 아니라 살아 있는 실천으로 이끌어 준다.

"하던 대로"의 유혹 vs 질문하는 일의 힘

구분	하던 대로 하는 일	질문하며 하는 일
사고	루틴 복제	관점 생성
감정	무난함, 지루함	몰입, 불안, 설렘
결과	반복적 안정	의미 있는 차별성
성장	없음	느리지만 진짜 확장

QDer 질문

- 오늘 한 일 중, "그냥 하던 대로" 했던 부분은 어디였는가?
- 그 일에서 나는 무엇을 잃었고, 무엇을 느끼지 못했는가?
- 내일 같은 일을 다시 한다면, 어떤 질문부터 던질 수 있을까?

QDer 메시지

"하던 대로 해"는 위기의 순간에 나를 지켜주는 말이 될 수도 있다. 하지만 그 말이 습관이 되는 순간, 나는 질문하지 않는 사람이 되고 만다.

AI가 익숙함을 대신해주는 시대. 이제 인간은, 익숙한 길에서 낯선 질문을 던질 줄 아는 용기가 필요하다. 그 질문이 나를 멈추지 않고, 살아 있게 만든다.

질문하지 않는 나는, 살아 있다고 할 수 있을까?

하루가 또 지나갔다. 일은 끊이지 않았고, 메일도, 회의도, 수정 요청도 많았다. 바쁘긴 했지만, 딱히 기억나는 게 없다. 감정도, 생각도 없이 정해진 답을 향해 빠르게만 달려간 하루. 문득, 이런 생각이 스쳤다.
"나는 오늘 질문을 한 번이라도 했던가?"

아니다. 한 번도 묻지 않았다. 그냥 반응하고, 처리하고, 보고했을 뿐이다. 질문이 사라지는 순간, '나'도 사라진다. 질문은 내가 살아 있다는 증거다. 궁금함이 있어야 호기심이 생기고, 호기심이 있어야 창의성이 살아난다. 그리고 그 안에 내가 존재한다. 하지만 질문이 사라진 일상은 익숙함 속에서 나를 잠들게 만든다. 보고, 듣고, 말하지만, 사실상 '살아 있지 않은' 상태. 그건 기계의 움직임과 다를 바 없다.

조직은 정답을 원하고, 인간은 질문을 통해 깨어난다

"왜 그렇게 했어?"
"다시 생각해보면 어땠을까?"
"이 방식이 지금도 유효한가?"

이런 질문은 조직 안에선 가끔 귀찮은 태도로 받아들여진다. 하지만, 질문 없는 일터는 생산성은 높일지 몰라도 존재감은 무너뜨린다. 정답을 맞히는 사람은 늘지만, 생각하는 사람은 줄어든다.

질문은 '내가 여기에 있다'는 선언이다. 질문은 반항이 아니다. 질문은 '존재의 깃발'이다. 무언가에 이의를 제기하고, 더 나은 방향을 찾고 싶어 하는 살아 있는 의지의 표현이다. 나는 질문할 때 살아 있고, 질문할 때 연결되고, 질문할 때 나만의 방향을 갖는다. 질문이 없는 나는, 그저 기능하는 육체일 뿐이다.

질문하는 나 vs 반응하는 나

구분	반응하는 나	질문하는 나
감정	무감각, 지시 수용	호기심, 긴장, 주도성
주체성	타인의 요구에 반응	스스로 기준을 세움
성장	빠른 반복, 고정 루틴	느리지만 깊은 전환
정체성	일에 휘발됨	나만의 관점이 남음

QDer 질문

- 오늘 하루 동안, 내가 던진 질문은 무엇이었는가?
- 그 질문은 내 감정과 어떻게 연결되어 있었는가?
- 내가 지금 하고 있는 일은, 정답을 향해 달리는가? 아니면 의미를 묻고 있는가?

QDer 메시지

질문이 없는 일상은 빠르고 정확하지만 텅 비어 있다. 그저 움직인다고 해서 살아 있는 것은 아니다. 지금, 이 순간 당신이 스스로에게 던질 수 있는 질문이 있다면, 당신은 아직 살아 있는 것이다. 질문은, 깨어남의 시작이다.

생각 없이 움직이는 감정, 그것이 나를 경고한다

일이 끝나고 나면, 머릿속이 멍하다. 하루가 어떻게 지나갔는지 기억이 없다. 지시받은 일을 수행하고,
 필요한 문서를 작성하고, 회의에 들어가고, 수정 요청을 반영하고, 점심을 먹고, 다시 일한다. 사실, 움직이긴 했다. 분명히 많은 걸 했고, 정해진 결과도 냈다. 그런데도 나는 아무것도 느끼지 못했다.

무감각은 몸이 아니라 마음의 이상 신호다
 어느 순간부터 "생각 없이 움직이고 있다"는 걸 스스로도 느끼게 된다. 머리는 멀쩡한데 감정이 없다. 짜증도 없고, 기쁨도 없고, 심지어 긴장감도 없다. 그냥 기계처럼 움직일 뿐. 이 상태가 반복되면, 몸은 적응하고, 마음은 점점 사라진다.
 감정이 사라질수록 '나'도 사라진다. 감정은 살아 있다는 증거다. 기계는 감정을 느끼지 않는다. AI도, 자동화 시스템도 기억에 남지 않는다. 그저 잘 작동할 뿐이다. 지금의 나는 그들과 닮아 있다. 정확하게, 빠르게, 아무 느낌 없이 움직이는 상태. 그게 효율이라는 이름으로 포장된 마비라는 걸, 이제야 깨닫는다.
 우리는 왜 무감각해졌을까? 생각하지 않아도 일이 돌아가고, 감정을 표현하지 않아도 시스템이 알아서 판단해주고, 모든 것이 '최적화'되고 '자동화'된 환경. 그 속에서 '인간다움'은 가장 불필요한 기능처럼 여겨진다. 그래서 우리는 감정을 숨기고, 질문을 접고, 의미를 묻지 않게 된다. 그러다 결국, 나는 여기에 있지만 '없다'. 그 무감각은 당신 안

에서 울리는 '경고음'이다

"아무 느낌이 없다"는 말, 그건 단순한 피로가 아니다. 당신이 당신으로부터 **멀어졌다는 신호다.**

이제는 묻자.

"나는 왜 이렇게 아무 감정도 없이 움직이고 있는가?"

"이 일에 나의 감각은 어디에 있는가?"

"이대로 계속 움직이기만 하면, 나는 어떻게 될까?"

이 질문은 당신의 정체성을 **다시 켜는 스위치**가 될 수 있다.

자동화된 실천 vs 살아 있는 실천

구분	자동화된 실천	살아 있는 실천
감정	무감각, 무표정	울림, 반응성
사고	반복, 순응	탐색, 선택
주체성	지시 중심	자기 판단
에너지	소모됨	순환됨

QDer 질문

- 오늘의 업무 중, '아무 감정 없이 했던 일'은 무엇인가?
- 그 무감각의 바닥에, 무엇이 눌려 있었는가?
- 다시 감각을 켜기 위해, 내가 던질 수 있는 질문은 무엇인가?

> **QDer 메시지**
>
> 감정이 없는 실천은 효율적일지 몰라도 기억에 남지 않는다. 기억되지 않는 일은 성장으로 이어지지 않고, 성장하지 않는 나는 조금씩 사라진다. 무감각은 경고다. 당신이 느껴야 할 순간을 놓치고 있다는 신호다. 멈춰서 묻자. 나는 지금, 살아 있는가?

3
'나' 없는 일은 누구의 일인가?

하루가 지나도 기억나는 일이 없다면?

출근해서 업무를 시작했고, 메일을 정리하고, 보고서를 하나 만들고, 회의에 들어가고, 점심을 먹고, 오후엔 수정 작업을 했고, 퇴근했다.

분명히 바빴고, 일도 많이 했는데, 지금 떠오르는 장면이 없다. 오늘 하루, 내 기억 속에는 "일했다"는 사실만 있고, 그 안에 '나'는 없다.

감정이 빠진 하루는 기억되지 않는다. 기억은 감정이 머물렀던 순간에 남는다. 짜증 났던 회의, 몰입했던 문서 작성, 뿌듯했던 칭찬. 그런 감정의 순간들이 하루를 하루답게 만든다. 그런데, 오늘은 아무런 감정도 없었다. 그저 입력-처리-보고 그 사이클만 반복됐다. 그래서 기억도 없다. 기억이 없으니, 존재감도 없다.

일이 아니라, 내가 사라지는 중이다

"오늘 뭐 했는지 기억나?"

누군가 이렇게 묻는다면 대답할 수 있을까?

"보고서 만들었고, 회의했고…" 하지만 그건 활동일 뿐 경험이 아니다. 내가 있었던 순간, 느꼈던 장면, 기억에 남을 감정의 흔적. 그런 것들이 없으니, 나는 존재했지만 존재하지 않았던 하루를 보낸 셈이다.

반복되는 무감각은 소진으로 이어진다. 기억이 없는 하루가 며칠 이어지면 그건 그냥 피곤한 게 아니다. 그건 '내가 사라지고 있다는 신호'다. 소진은 에너지가 없어서 생기는 게 아니다. 감정이 배제된 채 일했기 때문에 생기는 것이다. 일을 해도 느끼지 않고, 기억하지 않고, 의미를 묻지 않으면, 나는 점점 희미해진다.

감정을 기억하는 훈련이 필요하다

나는 요즘 하루가 끝나면 노트에 이렇게 적는다.

- 오늘 가장 몰입했던 순간은?
- 짜증났던 이유는 뭐였지?
- 내가 가장 '살아 있다고 느꼈던 일'은 무엇이었나?

이 단순한 기록이 기억을 복원하고, 감정을 되살리고, '나'를 일로부터 다시 꺼내준다.

기억에 남는 하루 vs 지워지는 하루

구분	지워지는 하루	기억되는 하루
감정	없음, 무감각	존재, 울림
기억	희미함, 공백	생생함, 장면
에너지	축적되지 않음	회복됨
존재감	외부 지시에 묻힘	내 감정으로 살아남

QDer 질문

- 오늘 하루, 가장 기억에 남는 장면은 어디였는가?
- 그 순간에는 어떤 감정을 느꼈는가?
- 내 감정이 머물렀던 일은, 무엇을 말해주고 있는가?

QDer 메시지

기억에 남지 않는 하루는 '시간'은 있었지만 '나'는 없던 하루다. 일은 했지만, 감정이 없었다면 그건 소진을 향한 일방통행이다. 기억은 감정이 머문 자리에서 자란다. 오늘, 당신의 감정은 어디에 있었는가? 그 감정을 붙잡는 순간, 당신은 다시 '일하는 나'가 아닌, '살아 있는 나'로 돌아갈 수 있다.

나의 흔적이 남지 않은 결과물은 누구의 것인가?

보고서가 잘 마무리됐다. 피드백도 없었고, 결과도 문제 없었다. 그런데, 며칠 뒤 다시 그 문서를 열어보니,

내가 썼다는 기억조차 없다. 문장은 정제되어 있었고, 자료는 탄탄했지만, 그 안에 '나'는 없었다.

"이걸 내가 했다고, 어떻게 말할 수 있지?"

요즘은 누가 만들어도 비슷한 문서, AI가 요약해도 이상하지 않은 보고서들이 회사 안에 가득하다. 다 똑같은 구조, 비슷한 표현, 뻔한 결론. 그 안에 들어가는 '나의 언어', '나의 질문', '나의 감정'은 점점 사라져간다. 성과는 있는데, 소속감이 없다. 진짜일은 흔적을 남긴다. 우리는 흔적을 남길 때, 그 일을 "내가 했다"고 말할 수 있다.

그 흔적은 숫자가 아니다. 그건 느낌, 질문, 몰입의 에너지 같은 것들이다.

- "이건 내가 왜 중요하다고 생각했는지 기억나."
- "이 아이디어는 내가 끈질기게 고집했었지."
- "이 문장은 정말 여러 번 다듬으면서도 끝까지 넣었어."

이런 감정의 흔적이 남는 일. 그게 바로 **진짜일**이다. 실천이 쌓여야 성장이 된다. 그런데 그 실천이 기억되지 않고, 흔적을 남기지 않는다면, 성장은 공허해진다. 회사에서 수십 개 프로젝트를 했는데도 "기억에 남는 게 없어요."라는 말을 들을 때, 그건 단순한 '업무량 과다'가 아

니다. 그건 흔적 없는 실천이 누적된 결과다.

지금 하고 있는 일에 내 감정이 있는가? 내 질문이 있는가? 내 에너지가 진심으로 실렸는가? 이 세 가지가 없다면, 그 일은 진짜일이 아니라, 그저 '처리된 일'일 가능성이 높다.

실천의 흔적 진단표

요소	흔적이 없음	흔적이 남음
감정	무감각, 기계적 반응	몰입, 긴장, 성취감
질문	없음, 따르기만 함	왜?, 어떻게? 끝임없는 탐색
에너지	피로, 무의미	뿌듯함, 회복되는 힘
정체성	외부 판단에 의존	나만의 기준이 생김

QDer 질문

- 오늘 한 일 중, "이건 정말 내가 했다"고 말할 수 있는 순간은 있었는가?
- 그 일에 나만의 질문, 나만의 감정, 나만의 시선이 담겨 있었는가?
- 흔적을 남기지 못했던 이유는, 무엇 때문이었을까?

> **QDer 메시지**
>
> 성과는 숫자로 남지만, 진짜일은 감정으로 남는다. 보고서 한 장이라도, 메일 한 통이라도, 나의 흔적이 들어간 순간만이 나의 실천이 되고, 나의 성장이 된다. 흔적 없는 일은 쌓이지 않는다. 흔적이 있는 일만이 나를 만든다.

진짜일은, 나를 남기는 일이다

일은 잘 마무리됐다. 팀장도 만족했고, 동료들도 수고했다고 말했다. 막상 나는 그 일에 대해 아무런 감정도 들지 않았다.
왜일까?
하루 종일 몰입했는데, 성과도 좋았는데, 이상하게도 "그건 내 일이야"라는 확신이 없다. 마치 누군가 시켰고, 누군가 판단했고, 나는 그냥 수행만 한 듯한 느낌. 그 일에서 나는 빠져 있었다.

'내가 빠진 일'은 결국 누구의 일일까?
생각해본다. 그 일이 진짜 내가 원했던 방식이었는지, 내가 던진 질문으로 시작된 일이었는지, 내가 주체적으로 선택한 흐름이었는지. 그 어느 것도 "예"라고 말할 수 없었다. 나는 수단이었고, 기능이었고, 절차 속 한 사람이었을 뿐. 그 순간, 그 일은 내 일이 아니라 시스템의 일이 되고 말았다.

일은 했지만, 존재하지 않은 느낌

"내가 빠진 일"은 결과는 남지만 존재감은 남지 않는다. 그 일은 성과 목록엔 있을지 몰라도 나의 성장 서사엔 없다. 그건 "수행한 일"이지 "살아낸 일"이 아니다.

진짜일은 '나의 실천'이 깃든 순간에 태어난다

진짜일은 반드시 결과가 뛰어난 일만은 아니다. 오히려 때론 버벅였고, 실수도 있었고, 시간도 오래 걸렸던 일일 수 있다.

하지만, 그 일 안에 내가 선택한 질문이 있었고, 내가 책임진 판단이 있었고, 내가 느낀 감정이 있었다면,

그건 분명 '내 일'이었다.

나는 지금, 나의 일을 하고 있는가?

이 질문이 AI 시대의 우리에게 가장 중요한 질문일지도 모른다. 속도는 빨라지고, 자동화는 늘어나고, 결과는 예측 가능해졌지만,

"그 일을 왜 했는가?",

"그 일에 나는 있었는가?",

"그 일은 내 성장에 어떤 의미였는가?"

이 질문에 답할 수 없다면, 우리는 누군가의 일을, 누군가의 방식으로 살아가고 있는 것인지도 모른다.

'내 일' vs '누군가의 일'

구분	내가 빠진 일	내가 실천한 일
시작	지시, 외부 요청	나의 질문, 나의 제안
흐름	수동적 수행	주체적 판단
감정	무감각, 거리감	몰입, 책임감
결과	외부 성과	내적 성장과 연결
기억	남지 않음	의미로 남음

QDer 질문

- 지금 내가 하고 있는 일은 진짜 '내 일'인가?
- 그 일에 나의 질문, 나의 결정, 나의 감정이 들어가 있었는가?
- 결과가 아니라, 실천 그 자체에서 내가 살아 있었던가?

QDer 메시지

진짜일은 나의 실천이 깃든 순간에 태어난다.

그때, 그 일이 의미가 되고, 경험이 되고, 기억이 되고, 나를 성장시키는 자산이 된다.

3장

나를 잊지 않던 그 일, 그때로 돌아가고 싶다

진짜일은 '나답게' 실천하는 것이다

김택수

삶은 끊임없는 선택과 행동의 연속이다. 우리는 매일 수많은 일을 하며 살아간다. 그러나 그 중 어떤 일이 진정으로 나를 움직이게 하고, 나의 존재를 온전히 담아내는지는 쉽게 묻지 않는다.
우리는 종종 일과 삶의 본질을 잊고, 주어진 역할에만 매몰되어 살아간다.
하지만 진짜일은 다르다. 그것은 단지 결과물이 아니라, 내가 살아 있음을 온전히 느끼게 하는 과정이다. 심장이 뛰고, 온몸의 세포가 깨어나던 그 전율의 순간을 다시 떠올리게 하는 여정이다.
몰입과 열정은 단순한 성과표를 넘어, 삶의 나침반이 되어 준다. 그리고 방향을 잃었을 때, 그 감각은 스스로 변화의 물결을 일으킬 수 있는 원동력이 된다.
잊고 있던 몰입의 감각을 되찾아, 나만의 진짜일을 통해 삶을 다시 생생하게 깨우는 시간.
지금, 그 여정이 시작된다.

1
언제 마지막으로
몰입했던 순간이 있었는가?

시간이 멈춘 듯, 일에 빠져들었던 그때

몰입flow은 인간 경험의 최상위 상태라고 한다. 그리고 철학자 미하이 칙센트미하이는 몰입을 '자신이 하는 일에 완전히 빠져들어 시간조차 잊게 되는 상태'라고 정의했다.

몰입은 단순한 생산성의 기술이 아니라, 내면의 에너지를 끌어올리는 감각이다.

당신이 마지막으로 몰입의 감각을 경험했던 순간은 언제인가?

만약 몰입을 경험했다면 성과가 아닌, 그때의 감정과 자신의 모습을 떠올려 보자.

새벽 2시, 시간이 멈춘 사무실에서

김 부장의 책상 위 시계가 새벽 2시를 가리켰다. 사무실엔 그만 남아 있었고, 어둠 속 컴퓨터 화면만이 푸른빛을 내뿜고 있었다. 그런데도 그는 피곤하지 않았다. 오히려 전신에 에너지가 돌았다.

"이 데이터를 이렇게 연결하면…"

그의 손끝은 키보드 위를 춤추듯 오갔다.

그날 아침 9시부터 시작한 프로젝트 분석은 어느새 17시간이 넘었다. 하지만 시간의 흐름조차 인식하지 못했다. 시계가 아니라 몰입이 그를 이끌고 있었기 때문이다.

3개월 전만 해도 그는 번아웃 상태였다. 알람 소리에 절망했고, 지하철에서는 한숨이 먼저 나왔다. 하루가 끝나기를 바라며 살아가는 직장인이었다. 그런 그에게 변화가 찾아온 건, 새로운 데이터 분석 툴을 접하면서부터였다. 억지로 시작한 일이었지만, 복잡한 데이터가 하나씩 의미를 드러낼 때마다 그는 퍼즐을 맞추는 듯한 쾌감을 느꼈다.

몰입, 그 마법의 순간은 그렇게 찾아왔다.

존재감을 깨우는 몰입

철학자 미하이 칙센트미하이가 말한 '몰입flow'이 바로 이런 상태였다. 자신이 하는 일에 완전히 빠져들어 시간의 흐름조차 잊게 되는 그 순간. 김 부장은 그날 밤 처음으로 그 경험을 온몸으로 느꼈다.

흥미로운 건, 그날의 성과가 아니었다. 물론 훌륭한 분석 결과를 얻었지만, 진짜 중요한 건 다른 곳에 있었다. 그는 오랜만에 '살아있다'는 느낌을 받았다. 마치 잠들어 있던 내면의 무언가가 깨어나는 것 같았다.

회사 동료 박 과장도 비슷한 경험이 있었다. 10년 차 직장인인 그에게 몰입의 순간은 의외의 장소에서 찾아왔다. 주말마다 취미로 시작한 목공이었다. 나무를 다듬고, 못을 박고, 페인트칠을 하는 동안 그는 모든 걱정을 잊었다. 월요일 아침 회의, 아이들 학원비, 부모님 병원비… 평소 머릿속을 가득 채우던 걱정들이 모두 사라졌다.

"나무는 거짓말을 하지 않아요." 박 과장이 말했다. "정성을 들인 만큼 결과가 나오거든요. 회사 일은 아무리 열심히 해도 결과를 장담할 수 없잖아요. 하지만 목공은 달라요."

일상 속에서 찾는 몰입의 순간들

몰입은 거창한 곳에만 있는 게 아니다. 40대 주부 이 씨는 요리할 때 그 순간을 경험한다. 재료를 손질하고, 향신료의 조화를 맞추고, 불의 강약을 조절하는 동안 그녀는 완전히 다른 세계에 있다. 아이들 숙제 검사, 남편 회사 이야기, 시어머니 안부… 평소 그녀를 짓누르던 모든 것들이 순간 사라진다.

30대 직장인 최 씨에게는 새벽 조깅이 그런 시간이다. 한강을 달리며 발걸음에 집중할 때, 호흡에 집중할 때, 그는 자신의 내면과 마주한다. 성과를 측정하고, 실적을 비교하고, 경쟁에서 이기거나 지는 것과는 완전히 다른 차원의 경험이다.

몰입이 주는 진짜 선물

미하이 칙센트미하이는 몰입을 "인간 경험의 최상위 상태"라고 정의

했다. 하지만 왜 최상위일까? 단순히 성과가 좋아서일까?

김 부장이 깨달은 건, 몰입의 진짜 가치는 성과가 아니라 '존재감'에 있다는 것이었다. 몰입 상태에서는 자신이 진짜로 존재한다는 느낌을 받는다. 누군가의 아빠도, 누군가의 남편도, 회사의 부장도 아닌, 순수한 '나 자신'으로 존재하는 느낌 말이다.

박 과장도 같은 이야기를 했다.

"목공을 할 때는 제가 진짜 저예요. 직급도, 연봉도, 나이도 중요하지 않아요. 그냥 나무와 저만 있을 뿐이에요."

감정이 먼저다

"성과보다 먼저 떠오르는 건 감정이다." 이 문장이 핵심이다. 우리는 너무 자주 결과에 집착한다. 얼마나 잘했는지, 얼마나 빨리 했는지, 다른 사람보다 나은지에만 관심을 둔다. 하지만 몰입의 순간에는 그런 계산이 사라진다. 오직 '지금 이 순간'에만 집중하게 된다.

김 부장은 그날 밤 이후로 업무에 대한 관점이 완전히 바뀌었다. 데이터 분석이 단순한 업무가 아니라 자신만의 예술이 되었다. 숫자들 사이에서 패턴을 찾는 것이 마치 보물찾기 같은 재미가 되었다.

당신의 마지막 몰입은 언제였나요?

지금 이 글을 읽는 당신에게 묻고 싶다. 마지막으로 시간 가는 줄 모르고 무언가에 빠져본 적이 언제인가? 그때 당신은 어떤 기분이었나? 성취감? 뿌듯함? 아니면 그보다 더 깊은 무언가?

몰입은 특별한 사람들만의 특권이 아니다. 누구나 경험할 수 있고, 누구나 찾을 수 있다. 중요한 건 그 순간을 인식하고, 기억하고, 더 자주 만들어가려고 노력하는 것이다.

몰입은 "내면의 에너지를 끌어올리는 감각"이다. 피곤하고 지친 일상 속에서, 우리에게는 이런 에너지가 필요하다. 성과나 성공보다 훨씬 소중한, 살아있다는 느낌 그 자체 말이다.

오늘 밤, 당신만의 몰입을 찾아보면 어떨까? 작은 것이라도 좋다. 중요한 건 그 순간의 감정을 온전히 느끼는 것이다. 그것이야말로 진짜 살아있는 증거니까.

그건 단순한 업무가 아니었다

"몰입은 '존재'가 움직이는 감각"

몰입의 순간은 단순히 일을 하는 것이 아니라, 나 자신을 온전히 드러내는 행위이다. 철학자 하이데거는 "존재는 행동 속에서 드러난다"고 말했다. 우리가 몰입할 때, 우리의 존재는 행동 속에서 빛을 발한다. 당신이 몰입했던 순간은 단순히 업무를 처리하는 시간이 아니라, 당신의 존재가 생생하게 살아 있었던 시간이다.

오후 3시의 기적

김 과장은 시계를 보며 한숨을 내쉬었다. 오후 3시. 하루 중 가장 나른한 시간이었다. 커피 한 잔으로도 달래지지 않는 무기력함이 사무실 전체를 감쌌다. 모니터 앞에 앉아 있지만 머릿속은 온통 딴생각뿐이었다. '오늘 저녁엔 뭘 먹을까', '아이 학원비는 언제 내야 하지', '이번 주말엔 또 야근인가'.

그런데 그 순간, 예상치 못한 일이 벌어졌다.

팀장이 급하게 다가와 말했다. "김 과장, 갑자기 클라이언트가 내일까지 제안서를 요청했어요. 우리 팀에서 맡아야 할 것 같은데…."

김 과장의 첫 반응은 당연히 '또 야근이구나'였다. 하지만 제안서 내용을 들여다보는 순간, 뭔가 달랐다. 그것은 자신이 3년 전부터 계속 구상해왔던 프로젝트와 정확히 맞아떨어지는 내용이었다.

시간이 멈춘 듯한 순간

키보드에 손을 올리는 순간부터 달랐다. 평소라면 '어디서부터 시작해야 할까' 고민하며 한참을 멍하니 있었을 텐데, 이번엔 손가락이 저절로 움직였다. 머릿속에 있던 아이디어들이 물 흐르듯 글로 변해갔다.

주변의 소음이 사라졌다. 동료들의 전화 통화 소리도, 복사기 돌아가는 소리도, 심지어 에어컨 바람소리까지도 들리지 않았다. 오직 모니터 화면과 키보드 소리만이 존재했다.

시간의 흐름도 이상했다. 분명 잠깐 작업한 것 같은데 시계를 보니 벌써 2시간이 흘러 있었다. 반대로 어떤 순간들은 마치 슬로우모션처럼 느껴졌다. 하나의 문장을 완성하는 과정에서 수십 가지 가능성을 동시에 검토하고, 가장 완벽한 표현을 찾아내는 그 순간들 말이다.

나를 발견하는 시간

가장 놀라운 것은 자신을 발견하는 경험이었다. 평소에는 잘 몰랐던 자신의 모습들이 하나씩 드러났다. 복잡한 문제를 단순하게 정리하는 능력, 서로 다른 분야의 지식을 연결하는 통찰력, 상대방의 마음을 움직이는 설득력. 이 모든 것들이 자신 안에 있었다는 사실이 믿기지 않았다.

제안서를 작성하면서 김 과장은 단순히 '일'을 하고 있다는 느낌이 들지 않았다. 마치 자신의 내면에 숨어있던 무언가가 깨어나 세상과 대화하고 있는 것 같았다. 그동안 억눌러왔던 창의성이, 가슴 깊이 묻어두었던 열정이, 스스로도 몰랐던 잠재력이 모두 깨어나 하나의 작품을 만들어내고 있었다.

존재가 빛을 발하는 순간

다음 날 아침, 완성된 제안서를 다시 읽어보며 김 과장은 놀랐다. '이게 정말 내가 쓴 글인가?' 싶을 정도로 완성도가 높았다. 하지만 더 놀라운 것은 그 과정에서 느꼈던 충만함이었다.

철학자 하이데거가 말했듯이, 존재는 행동 속에서 드러난다. 김 과장은 그 순간을 통해 깨달았다. 자신이 그동안 단순히 '생존'하고 있었다는 것을. 매일 반복되는 루틴 속에서 진짜 자신을 잃어버리고 있었다는 것을.

하지만 몰입의 순간은 달랐다. 그 시간 동안 자신은 온전히 '존재'했다. 업무를 처리하는 기계가 아니라, 생각하고 창조하고 표현하는 인간으로서 살아있었다. 자신의 모든 능력과 경험과 감성이 하나로 통합되어 움직이는 순간이었다.

일상 속에서 찾는 몰입

그 경험 이후 김 과장은 달라졌다. 몰입할 수 있는 순간들을 의식적으로 찾기 시작했다. 모든 업무에서 그런 경험을 할 수는 없지만, 작은 일이라도 온전히 집중할 때 느끼는 그 생생함을 놓치지 않으려 했다.

아침에 커피를 내릴 때도, 아이와 대화할 때도, 심지어 지하철에서 책을 읽을 때도 마찬가지였다. 무언가에 온전히 몰입할 때, 자신의 존재가 가장 선명하게 드러난다는 것을 알게 되었기 때문이다.

우리는 모두 각자의 '제안서'를 가지고 있다. 그것이 일일 수도 있고, 취미일 수도 있고, 관계일 수도 있다. 중요한 것은 그 순간에 자신을 온전히 투입하는 것이다.

몰입은 단순한 집중력의 문제가 아니다. 그것은 자신의 존재를 세상에 드러내는 가장 진실한 방법이다. 당신이 마지막으로 온전히 몰입했던 순간을 떠올려보라. 그 순간, 당신은 단순히 무언가를 '했던' 것이 아니라, 가장 생생하게 '존재'했던 것이다.

열정과 주도성, 의미가 하나로 이어졌던 기억

몰입은 단순히 열심히 일하는 것과는 다르다. 그것은 감정, 주도성, 그리고 가치가 동시에 작동할 때 이루어진다. 당신이 몰입했던 순간에는 어떤 가치를 느끼는가? 그 가치는 당신에게 어떤 의미였는가? 몰입의 3요소를 통해 당신의 내면에 숨겨진 열정을 재발견해 보자.

새벽 4시의 발견

김민수 부장은 새벽 4시에 잠에서 깼다. 평소라면 다시 잠들었겠지만, 이상하게 머릿속이 맑았다. 어제 회의에서 제기된 문제가 계속 떠올랐다. 고객 만족도가 떨어지고 있다는 보고서, 팀원들의 지친 표정, 그리고 상사의 따가운 시선까지.

하지만 이번엔 달랐다. 문제를 피하고 싶은 마음 대신, 뭔가 해결하고 싶다는 충동이 일었다. 마치 퍼즐의 마지막 조각을 찾은 듯한 기분이었다. 그는 조용히 일어나 서재로 향했다.

감정이 움직이는 순간

책상에 앉아 노트를 펼치며 민수는 지난 15년간의 직장생활을 되돌아봤다. 언제부터인가 업무는 '해야 할 일'이 되어버렸다. 승진을 위해, 생계를 위해, 남들에게 뒤처지지 않기 위해 달려왔지만, 정작 자신이 무엇을 원하는지는 잊고 살았다.

그런데 어제 고객센터에서 올라온 불만사항을 읽으면서 뭔가 다른 감정이 일었다. 화가 아니라 안타까움이었다. '이 고객이 정말 원하는 건 뭘까?', '우리가 놓치고 있는 건 뭘까?' 궁금증이 생겼고, 동시에 이 문제를 해결하고 싶다는 간절함이 밀려왔다.

30대 중반, 그토록 찾아 헤맸던 '일에 대한 열정'이 이런 모습일 줄 몰랐다. 거창한 꿈이나 포부가 아니라, 누군가의 불편함을 덜어주고 싶다는 소박한 마음에서 시작되는 것이었다.

주도성의 발견

민수는 펜을 들고 생각을 정리하기 시작했다. 지시받은 대로 보고서를 작성하는 것이 아니라, 스스로 문제의 본질을 파고들어가는 것이었다.

'고객이 불만을 제기할 때까지 우리는 왜 모르고 있었을까?'
'일선 직원들은 무엇을 느끼고 있을까?'
'진짜 해결책은 시스템 개선일까, 아니면 소통 방식의 변화일까?'

질문들이 꼬리를 물고 이어졌다. 그리고 놀랍게도, 각 질문에 대한 답을 찾고 싶어하는 자신을 발견했다. 누가 시키지 않았는데도, 마감에 쫓기지 않는데도, 스스로 움직이고 있었다.

새벽 6시가 되어서야 멈췄을 때, 노트 여러 장이 빼곡히 채워져 있었다. 그리고 가슴 한구석에서 오랫동안 잠들어 있던 무언가가 꿈틀거리는 것을 느꼈다. 바로 '내가 주인이 되어 일하는' 기분이었다.

가치와의 연결고리

아침 출근길, 민수는 자신의 변화를 실감했다. 평소와 똑같은 지하철, 똑같은 사무실인데 세상이 다르게 보였다. 동료들의 얼굴에서 피로와 함께 각자의 고민이 읽혔고, 사무실 곳곳에서 개선할 점들이 눈에 들어왔다.

무엇보다 명확해진 것은 자신이 추구하는 가치였다. 그동안 승진과 연봉 인상에만 매달렸지만, 진짜 원하는 것은 '사람들이 더 나은 경험을 할 수 있도록 돕는 것'이었다. 고객도, 동료도, 후배들도 모두 포함해서 말이다.

이 깨달음은 그의 일하는 방식을 완전히 바꿔놓았다. 단순히 주어진 업무를 처리하는 것이 아니라, 어떻게 하면 더 많은 사람에게 도움이 될 수 있을지 고민하게 되었다. 보고서 하나를 쓸 때도, 회의에서 발언할 때도, 후배에게 조언할 때도 그 기준이 작동했다.

몰입의 마법

3개월 후, 민수가 제안한 고객경험 개선 프로젝트는 회사 차원의 핵심 과제로 선정되었다. 하지만 더 중요한 변화는 그 자신에게 일어났다.

월요일 아침이 기다려지기 시작했다. 일이 힘들어도 피하고 싶지 않았다. 오히려 더 깊이 파고들고 싶었다. 동료들도 그의 변화를 알아차렸다. "요즘 부장님 다른 사람 같아요. 뭔가 반짝반짝해요."라고 후배가 말했을 때, 민수는 웃으며 답했다. "내가 정말 하고 싶었던 일을 찾은 것 같아."

그제야 깨달았다. 몰입이란 열심히 일하는 것과는 전혀 다른 차원의 경험이라는 것을. 감정이 움직이고, 스스로 주도하며, 자신의 가치와 연결될 때 비로소 진정한 몰입이 시작된다는 것을.

당신 안의 몰입을 깨우려면

혹시 당신도 민수처럼 '무언가 잘못되었다'는 느낌을 받고 있다면, 이 세 가지를 점검해보자.

첫째, 당신의 감정이 움직이는 순간은 언제인가? 화나는 것도, 안타까운 것도, 궁금한 것도 모두 감정이다. 그 감정을 무시하지 말고 깊이 들여다보라. 거기에 당신이 진짜 원하는 것에 대한 단서가 숨어있다.

둘째, 누가 시키지 않았는데도 스스로 하고 싶어하는 일은 무엇인가? 주도성은 억지로 만들어지지 않는다. 내면에서 우러나오는 진짜 관심사를 찾아야 한다.

셋째, 그 일을 통해 실현하고 싶은 가치는 무엇인가? 단순한 성과나 보상을 넘어서, 세상에 어떤 선한 영향을 미치고 싶은가?

이 세 요소가 만나는 지점에서 진정한 몰입이 시작된다. 그리고 그 순간, 당신은 일하는 사람이 아니라 자신의 일을 창조하는 사람이 된다.

나이는 숫자에 불과하다. 30대든 50대든, 몰입할 수 있는 그 무언가는 여전히 당신 안에 살아 숨 쉬고 있다. 단지 깨워주기를 기다리고 있을 뿐이다.

2
'나여야만 했던 일'이 있었는가?

누구나 할 수 있는 일이 아니라, 내가 해야 했던 이유

"존재 기반 실천이 진짜일을 만든다"

철학자 장 폴 사르트르는 "인간은 스스로 선택한 존재"라고 말한다. 진짜일은 누군가 대신할 수 있는 일이 아니라, 내가 스스로 선택하고 책임지는 일이다. 당신에게는 그런 일이 무엇이며 왜 그것이 당신이어야만 하는가?

회사 복도에서 마주친 질문

김대리는 오늘도 회사 복도를 걸으며 같은 생각에 잠겼다. 입사 10년차. 어느새 40대 초반이 된 그는 매일 반복되는 업무 속에서 문득 이런 질문을 던지곤 했다. "내가 아니어도 누군가 이 일을 할 수 있을 텐데…."

그날 저녁, 집으로 돌아가는 지하철에서 우연히 마주친 대학 동기 정수와의 대화가 그의 인생을 바꿔놓았다.

"요즘 어때?" 정수가 물었다.

"그냥 그래. 회사 다니고, 월급 받고…" 김대리는 시큰둥하게 답했다.

"너 예전에 동네 아이들 가르치는 거 좋아했잖아. 대학 때 과외하면서 맨날 아이들 얘기만 했는데."

그 순간 김대리는 깜짝 놀랐다. 정수의 말에 오래 잊고 있던 기억이 되살아났다. 대학 시절, 경제적으로 어려운 집 아이들에게 무료로 수학을 가르쳤던 시간들. 그때는 정말 시간 가는 줄 몰랐다. 아이들의 눈에서 반짝이는 호기심, 문제를 풀어냈을 때의 환한 미소. 그런 순간들이 그에게는 그 어떤 보상보다 값진 것이었다.

사르트르가 던진 화두

집에 돌아온 김대리는 오랜만에 책장을 뒤적였다. 대학 때 읽었던 철학서들 사이에서 사르트르의 말이 눈에 들어왔다. "인간은 스스로 선택한 존재다."

'스스로 선택한 존재…' 그는 곰곰 생각해봤다. 지금까지 자신이 한 선택들은 과연 진짜 자신의 선택이었을까? 안정적인 직장, 괜찮은 연봉, 주변의 인정… 이런 것들이 정말 자신이 원했던 것일까?

문득 아내가 건네준 차 한 잔을 받으며 김대리는 고백했다.

"여보, 나 요즘 이상해. 매일 같은 일을 반복하는데, 내가 없어도 누군가 똑같이 할 수 있을 것 같아."

아내는 조용히 그의 말을 들어주었다. 그리고는 이렇게 말했다.

"당신이 대학 때 아이들 가르칠 때 정말 행복해했던 거 기억해. 그때의 당신 눈빛이 달랐어."

진짜 일을 찾아가는 여정

그날 밤, 김대리는 잠들지 못했다. 머릿속에는 온통 과거의 기억들이 맴돌았다. 수학을 어려워하던 민수가 처음으로 이차방정식을 풀어냈을 때의 감격. 가정형편이 어려워 포기하려던 소영이가 다시 공부에 집중하게 됐을 때의 보람.

'그때 내가 했던 일은 정말 나만이 할 수 있는 일이었나?'

아니었다. 다른 선생님들도 얼마든지 할 수 있는 일이었다. 하지만 그 순간, 그 아이들에게는 바로 '김대리'가 필요했다. 그의 진심 어린 관심과 끝까지 포기하지 않는 끈기, 아이들 한 명 한 명의 특성을 파악해 맞춤형으로 가르치는 능력. 이런 것들이 결합돼 만들어낸 고유한 가치.

다음 날 점심시간, 김대리는 용기를 내어 인사팀 과장에게 물어봤다.

"혹시 회사에서 지역사회 교육봉사 프로그램 같은 게 있나요?"
"왜 갑자기? 관심 있어요?"
"네, 한번 해보고 싶어서요."

존재 기반 실천의 발견

몇 주 후, 김대리는 회사 근처 지역아동센터에서 수학을 가르치기 시작했다. 처음에는 어색했다. 10년 만에 다시 아이들과 마주하니 예전처럼 자연스럽지 않았다.

그런데 신기한 일이 벌어졌다. 시간이 지나면서 예전의 그 감각이 되살아났다. 아이들의 질문에 답해주고, 이해할 때까지 기다려주고, 포기하려는 순간에 다시 한번 도전할 수 있도록 격려하는 일. 이런 일들이 그에게는 너무나 자연스러웠다.

어느 날, 수학을 유독 어려워하던 준호가 그에게 말했다.

"선생님, 다른 선생님들은 못 풀면 답답해하는데, 선생님은 끝까지 기다려줘서 좋아요."

그 순간 김대리는 깨달았다. 이것이 바로 사르트르가 말한 '스스로 선택한 존재'의 의미였다. 누군가 시켜서 하는 일이 아니라, 자신의 존재 자체에서 우러나오는 일. 자신만의 독특한 방식으로 세상에 기여하는 일.

일상 속에서 찾은 의미

김대리는 여전히 회사를 다닌다. 하지만 이제 월요일이 두렵지 않다. 왜냐하면 주말에는 아이들을 가르치는 시간이 기다리고 있기 때문이다. 그리고 그 경험이 회사 업무에도 긍정적인 영향을 미쳤다.

프레젠테이션을 할 때도 예전보다 훨씬 명확하고 이해하기 쉽게 설명한다. 후배들을 지도할 때도 각자의 특성을 파악해 맞춤형 조언을 해준다. 아이들을 가르치면서 기른 인내심과 소통 능력이 직장에서도 빛을 발하고 있다.

어느 날 아내가 물었다.

"요즘 표정이 많이 밝아졌네. 뭔가 달라진 것 같아."

"글쎄, 내가 진짜 해야 할 일을 찾은 것 같아. 누군가 대신할 수도 있는 일이지만, 지금 이 순간만큼은 내가 해야 하는 일이야."

당신만의 존재 기반 실천

김대리의 이야기는 특별한 것일까? 전혀 그렇지 않다. 우리 모두에게는 '나만이 할 수 있는' 독특한 방식이 있다. 중요한 것은 그것을 발견하고 실천하는 것이다.

혹시 당신도 매일 반복되는 일상 속에서 "내가 아니어도 누군가 할 수 있는 일"이라는 생각에 빠져있지는 않은가? 그렇다면 잠시 멈춰서 생각해보자. 당신이 진정 몰입했던 순간들, 시간 가는 줄 모르고 집중했던 경험들, 다른 사람들이 당신에게 고마워했던 일들.

사르트르의 말처럼, 우리는 모두 '스스로 선택한 존재'가 될 수 있다. 중요한 것은 그 선택을 실천으로 옮기는 용기다. 거창한 일일 필요는 없다. 김대리처럼 일상 속에서 작은 실천부터 시작하면 된다.

당신에게는 어떤 '존재 기반 실천'이 기다리고 있을까? 그것을 찾아 나서는 여정 자체가 이미 진짜일의 시작이다.

기꺼이 책임지고 싶었던 일

"진짜일에는 감정과 책임이 동시에 깃든다"

책임은 때로 부담스럽게 느껴질 수 있지만, 진짜일에서의 책임은 다르다. 그것은 내가 기꺼이 받아들이고 싶은 책임이다. 철학자 키르케고르는 "책임감은 인간의 자유를 증명한다"고 했다. 당신에게 자유를 느끼게 했던 책임감 있는 순간은 언제였는가?

15년 직장 생활 끝에 마주한 진짜 감정

김상현 과장은 퇴사서를 제출하고 나서야 비로소 숨을 쉴 수 있었다. 15년간 다닌 대기업에서의 마지막 날, 그는 사무용품을 정리하면서 문득 지난 몇 년을 돌아봤다. 언제부터였을까. 매일 아침 알람 소리가 적군의 나팔처럼 들리기 시작한 것이.

"책임지지 마, 그냥 시키는 일만 해."

직장 선배가 신입사원 시절 해준 조언이었다. 그때는 그 말이 현명해 보였다. 책임을 지면 일이 많아지고, 실수하면 비난받기 쉽상이니까. 하지만 그렇게 살다 보니 어느새 자신은 거대한 기계의 부품이 되어버렸다. 아무도 그에게 의견을 묻지 않았고, 그 역시 아무것도 묻지 않았다.

진짜 책임을 지고서야 느낀 충만함

전환점은 아버지의 갑작스러운 뇌출혈이었다. 의식을 잃고 쓰러진 아버지를 병원으로 모시면서, 상현은 처음으로 가족의 '실질적 가장'이 되었다. 의사의 설명을 듣고, 치료 방침을 결정하고, 어머니를 위로하고, 형제들과 의논하는 모든 과정에서 그는 누군가의 지시를 기다리지 않았다.

"환자분 상태가 호전되고 있어요. 가족분이 빨리 결단을 내려주신 덕분입니다."

담당 의사의 말에 상현은 낯선 감정을 느꼈다. 두려움과 안도감이 뒤섞인, 그러나 묘하게 충만한 기분이었다. 아버지의 생명이 걸린 순간에 그는 책임을 회피하지 않았다. 오히려 그 책임을 온몸으로 받아안았다.

아버지가 의식을 되찾은 첫날 밤, 상현은 병실 의자에 앉아 곰곰 생각했다. '언제부터 나는 책임을 피하는 사람이 되었을까?' 아이러니하게도, 가장 무거운 책임을 졌을 때 그는 가장 자유로움을 느끼고 있었다.

새로운 시작의 무게

퇴사 후 상현은 작은 카페를 열었다. '책임 회피형 인간'이 갑자기 사업을 한다니, 주변 사람들은 모두 의아해했다. 하지만 상현은 확신했다. 이번에는 다를 거라고.

카페 운영은 생각보다 훨씬 복잡했다. 메뉴 개발부터 인테리어, 직원 교육, 재료 관리까지. 회사에서는 각 부서가 나누어 담당했던 일들을 혼자 해내야 했다. 특히 아르바이트생 김민수가 실수로 원두를 태워 하루 영업을 못 할 뻔했을 때, 상현은 처음으로 진짜 사장의 책임감을 느꼈다.

"사장님, 정말 죄송해요. 제가 배상할게요."

울먹이는 민수를 보며 상현은 15년 전 자신의 모습을 떠올렸다. 실수를 했을 때 책망받을까 두려워 떨던 신입사원 시절의 자신을.

"괜찮다. 실수는 누구나 할 수 있어. 대신 다음엔 더 조심하자."

그 순간 상현은 깨달았다. 진짜 책임감이란 누군가를 비난하고 처벌하는 게 아니라, 함께 문제를 해결해 나가는 것이라는 걸.

키르케고르가 옳았다

카페를 연 지 2년이 지난 지금, 상현은 매일 아침 6시에 자연스럽게 눈을 뜬다. 알람이 필요 없다. 그의 하루는 신선한 원두 향과 함께 시작된다. 단골손님들이 하나둘 들어와 "사장님, 오늘도 맛있는 커피 부탁해요"라고 인사할 때, 그는 이상한 행복감을 느낀다.

책임이 많아졌다. 임대료, 직원 급여, 식자재비, 세금까지. 회사원 시절보다 훨씬 많은 것을 신경 써야 한다. 하지만 이상하게도 부담스럽지 않다. 이 모든 책임이 자신이 선택한 것이기 때문이다.

최근 상현은 키르케고르의 말을 자주 떠올린다. "책임감은 인간의 자유를 증명한다." 처음 이 문장을 읽었을 때는 이해할 수 없었다. 책임은 자유를 제한하는 게 아닌가? 하지만 이제 안다. 진짜 자유는 내가 기꺼이 짊어지고 싶은 책임을 선택할 수 있을 때 비로소 시작된다는 것을.

감정이 깃든 일의 의미

어느 금요일 저녁, 단골손님인 박 선생님이 카페 문을 열고 들어섰다. 평소와 달리 표정이 어두웠다.

"사장님, 오늘은 아메리카노 말고 따뜻한 차 하나 주세요. 뭔가 위로가 되는 걸로요."

상현은 정성스럽게 캐모마일 차를 우려내며 물었다. "무슨 일 있으세요?"

"아, 별거 아니에요. 그냥… 회사에서 힘든 일이 있어서요."

상현은 차를 내어주며 조용히 말했다. "제가 15년간 회사를 다녔는데, 가장 힘들었던 건 일 자체가 아니라 그 일에 내 마음이 없을 때였어요. 일이 그냥 시간을 때우는 수단일 뿐일 때 말이죠."

박 선생님은 고개를 끄덕였다. "맞아요. 요즘 저도 그런 기분이에요. 그냥 월급받기 위해 버티는 것 같아서…"

"진짜일에는 감정과 책임이 함께 있어야 해요. 내가 정말 애착을 갖고, 잘되기를 바라는 마음으로 하는 일. 그런 일을 찾으셨으면 좋겠어요."

그날 밤 상현은 일기에 적었다. '오늘 박 선생님께 해드린 말이 사실은 나 자신에게 하고 싶었던 말이었다. 이곳에서 나는 매일 내가 기꺼이 책임지고 싶은 일을 하고 있다. 이것이 자유구나.'

당신의 책임감 있는 순간

상현의 이야기는 특별하지 않다. 우리 주변에는 자신만의 방식으로 진정한 책임감을 발견한 사람들이 많다. 아이를 키우며 처음으로 무조

건적 사랑의 책임을 느낀 부모, 팀장이 되어 후배들의 성장을 책임지게 된 직장인, 부모님의 건강을 돌보며 가족의 기둥이 된 자녀들.

중요한 건 그 책임이 억지로 떠맡은 것이 아니라, 기꺼이 받아들인 것이라는 점이다. 그럴 때만이 책임은 족쇄가 아닌 날개가 된다.

당신에게도 그런 순간이 있었을 것이다. 누군가 시켜서가 아니라, 스스로 '이건 내가 해야겠다'고 결심했던 순간. 그 순간 당신은 가장 자유로웠을 것이다. 그리고 그것이 바로 키르케고르가 말한 "책임감이 증명하는 인간의 자유"였을 것이다.

진짜일은 단순히 생계를 위한 수단이 아니다. 그것은 내가 세상에 남기고 싶은 흔적이고, 내가 기꺼이 감당하고 싶은 무게다. 그런 일을 찾았다면, 축하한다. 당신은 진짜 자유를 맛보고 있는 것이다.

결과보다 오래 남는 건 "이건 나였다"는 감각이다

"진짜일은 실적보다 정체성의 흔적이다"

결과는 시간이 지나면 희미해질 수 있지만, "이건 나였다"는 감각은 오래 남는다. 진짜일은 나의 정체성을 드러내는 흔적이다. 당신에게 "이건 나였다"고 말할 수 있는 일은 무엇인가?

사라지는 것과 남는 것

지난주 회사 임원진 회의에서 김 부장이 퇴사 인사를 했다. 15년 동안 쌓아올린 화려한 실적들을 나열하며 작별을 고했지만, 그의 목소리에는 묘한 공허함이 스며있었다.

"15년 동안 매출 목표를 달성하지 못한 해가 단 한 번도 없었습니다. 신상품 론칭만 12번, 해외 진출 프로젝트도 성공적으로 마무리했고요."

하지만 그 순간, 나는 김 부장의 진짜 얼굴을 떠올리고 있었다. 3년 전 여름, 신입사원 교육 중 한 젊은 직원이 갑자기 쓰러졌을 때의 모습을. 구급차가 올 때까지 그 직원의 손을 잡고 있던 김 부장의 모습을. 병원까지 따라가서 밤새 보호자를 기다려주던 그 모습을.

결과는 참으로 무정하다. 아무리 화려한 숫자라도 시간이 지나면 희미해진다. 하지만 "이건 나였다"는 순간들은 다르다. 그 순간들은 우리의 정체성 깊숙이 새겨져, 세월이 흘러도 선명하게 남아있다.

숫자 뒤에 숨은 진짜 이야기

마케팅팀의 이 과장은 늘 조용한 편이었다. 회의에서도 많은 말을 하지 않고, 화려한 프레젠테이션도 잘 하지 못했다. 하지만 그에게는 특별한 능력이 있었다. 고객의 목소리를 듣는 능력이었다.

어느 날, 한 고객이 우리 제품에 대한 불만을 토로했다. 대부분의 직원들은 "예외적인 케이스"라며 넘어가려 했지만, 이 과장은 달랐다. 그는 직접 그 고객을 찾아가서 이야기를 들었다. 하루 종일 앉아서 고객의 불편함을 들어주었다.

그 결과 우리는 제품의 치명적인 결함을 발견할 수 있었고, 전면적인 개선을 통해 고객 만족도를 크게 높일 수 있었다. 하지만 이 과장에게 가장 중요했던 것은 매출 증대나 고객 만족도 점수가 아니었다.

"그날 그 고객분이 마지막에 '진짜 들어주셔서 고맙다'고 하시더라고요. 그 한 마디가… 이게 내 일이구나 싶었어요."

그의 눈이 반짝였다. 15년 후에도 그는 그 순간을 또렷하게 기억할 것이다. 왜냐하면 그 순간 그는 자신이 누구인지 확실히 알았기 때문이다.

정체성의 흔적을 남기는 일

우리는 모두 무언가를 남기고 싶어 한다. 승진을 위해, 연봉을 위해, 인정을 위해 열심히 일한다. 하지만 정작 퇴사할 때 가져갈 수 있는 것은 무엇일까? 명함 속 직책도, 사무실 책상도, 심지어 그토록 자랑스러워했던 실적 수치들도 모두 회사에 남겨두고 가야 한다.

하지만 한 가지만은 가져갈 수 있다. "이건 나였다"는 감각. 내가 나답게 일했던 순간들의 기억. 그 순간들이 모여서 만들어낸 나만의 정체성.

인사팀의 박 차장은 매년 수백 명의 직원들과 면담을 한다. 승진 면담, 고충 상담, 퇴사 면담까지. 그는 말한다.

"정말 행복해 보이는 사람들에게는 공통점이 있어요. 자신의 일에서 '나다움'을 찾은 사람들이에요. 성과가 좋고 나쁨을 떠나서, 이 일을 하는 나 자신이 좋다고 말하는 사람들이죠."

작은 선택들이 만드는 큰 차이

우리의 일상은 크고 작은 선택들의 연속이다. 어려운 프로젝트를 맡을 것인가, 동료의 부탁을 들어줄 것인가, 고객의 불만에 어떻게 대응할 것인가. 이런 순간들에서 우리는 선택한다. 편한 길을 갈 것인가, 내 신념에 따라 행동할 것인가.

재무팀의 최 대리는 몇 년 전 큰 고민에 빠졌다. 상사가 회계 처리에서 조금 '융통성'을 발휘해달라고 요청했던 것이다. 법적으로 문제가 될 정도는 아니었지만, 그의 원칙에는 맞지 않았다.

"그날 밤을 하얗게 샜어요. 이 일을 계속 할 수 있을까, 다른 회사로 옮겨야 하나 고민했죠. 하지만 결국 제 방식대로 했어요. 상사에게 다른 방법을 제안드렸고, 다행히 받아들여주셨어요."

그 일이 있은 후, 최 대리는 달라졌다. 자신의 전문성에 더욱 확신을 갖게 되었고, 동료들도 그를 더욱 신뢰하기 시작했다. 무엇보다 그 자신이 자신의 일을 대하는 태도가 바뀌었다.

"그때부터 확실해졌어요. 이 일은 단순히 숫자를 맞추는 게 아니라, 회사의 정직성을 지키는 일이라는 걸요."

나만의 일을 찾아가는 여정

40대 중반의 연구개발팀 팀장 송씨는 최근 묘한 깨달음을 얻었다. 20년 넘게 기술자로 일하면서 수많은 특허를 냈고, 여러 상도 받았다. 하지만 정작 그가 가장 보람을 느끼는 순간은 따로 있었다.

"후배들이 성장하는 모습을 볼 때예요. 제가 알려준 기술로 더 나은 결과를 만들어낼 때, 그들의 눈이 반짝이는 순간을 볼 때가 가장 좋아요."

그는 최근 멘토링에 더 많은 시간을 투자하고 있다. 개인 성과는 예전보다 줄었을지 모르지만, 그는 더욱 충만한 느낌을 받는다고 한다.

"이제야 알겠어요. 제 진짜 재능은 기술 그 자체가 아니라 그 기술을 전달하는 것이었다는 걸요."

시간이 걸려도 찾아가는 것

우리 모두에게는 "이건 나였다"고 말할 수 있는 순간들이 있다. 때로는 화려한 성공의 순간일 수도 있고, 때로는 조용히 누군가를 도운 평범한 순간일 수도 있다. 중요한 것은 그 순간들을 알아보는 것이다. 그리고 그런 순간들을 더 많이 만들어가는 것이다. 결과에 연연하지 말고, 내가 나다울 수 있는 방식으로 일하는 것이다.

진짜일은 실적표에 남는 것이 아니라 우리 안에 남는 것이다. 시간이 지나도 희미해지지 않는 것, 우리의 정체성을 만들어가는 것. 그것이 바로 우리가 추구해야 할 진짜 성공이 아닐까.

오늘도 우리는 선택한다. 그저 일을 처리할 것인가, 아니면 나다운 일을 해나갈 것인가. 그 작은 선택들이 모여서, 언젠가 우리가 자신 있게 말할 수 있게 해줄 것이다.

"이건 나였다."

3
진짜 일은
감정이 살아 있는 흐름에서 시작된다

흐름이 좋았던 날, 감정도 살아 있었다

"몰입은 과정 중심 실천이다"

몰입 상태에서는 결과보다 과정에 집중하게 된다. 철학자 존 듀이 John Dewey 는 "경험은 과정 그 자체에서 의미를 찾는다"고 했다. 당신에게 감정이 살아 있었던 날의 과정을 떠올려 보자. 그날의 흐름 속에서 무엇이 느껴지는가?

마음이 춤추던 그 순간들

직장에서 돌아온 김정민 씨 42세 는 아파트 현관문을 열며 깊은 한숨을 내쉬었다. 또 하루가 지나갔다. 회의실에서 쏟아지는 업무 지시사항들, 끝없는 이메일, 그리고 퇴근길 지하철에서 마주한 무표정한 얼굴들. 언제부터인가 하루하루가 그저 '해내야 할 일들의 연속'이 되어버렸다.

냉장고에서 맥주 한 캔을 꺼내 들고 소파에 앉아 TV를 켰지만, 화면 속 연예인들의 웃음소리가 공허하게 들렸다. 문득 스마트폰 갤러리를 뒤적이다가 3년 전 사진 한 장이 눈에 띄었다. 주말에 아이들과 함께 만든 레고 성의 모습이었다. 그때는 왜 그렇게 몰두했을까?

그날을 떠올려본다. 토요일 오전, 큰아이가 "아빠, 같이 레고 성 만들어요!"라고 졸랐을 때, 처음엔 귀찮았다. 하지만 바닥에 앉아 작은 블록들을 하나하나 맞춰가기 시작하면서 묘한 일이 벌어졌다. 시간이 멈춘 것 같았다.

"아빠, 이 블록은 여기가 맞나요?" 둘째의 물음에 답하면서, 김정민 씨는 자신도 모르게 그 순간에 완전히 빠져들고 있었다. 어떤 색깔 블록을 어디에 놓을지, 성의 탑을 어떻게 더 높이 쌓을지, 오직 그것만이 중요했다. 업무 스트레스도, 내일의 걱정도, 모든 것이 사라졌다.

네 시간이 흘렀지만 마치 한 시간처럼 느껴졌다. 완성된 성을 보며 아이들이 "와!" 하고 탄성을 지를 때, 김정민 씨 역시 마음속 깊은 곳에서 올라오는 뿌듯함을 느꼈다. 그것은 단순히 '뭔가를 완성했다'는 성취감과는 달랐다. 마치 오랫동안 잠들어 있던 자신의 어떤 부분이 깨어나는 느낌이었다.

철학자 존 듀이가 말했듯이, 그 경험의 의미는 완성된 레고 성에 있지 않았다. 과정 그 자체에 있었다. 아이들과 함께 고민하고, 시행착오를 겪으며, 서로의 아이디어를 나누던 그 순간순간에 있었다.

감정이 살아나는 순간

직장 동료인 박은미 씨38세에게도 비슷한 경험이 있다. 매주 화요일 저녁, 동네 요리 클래스에 다니기 시작한 것은 단순한 취미 활동이었다. 그런데 칼로 양파를 썰고, 팬에서 올라오는 향긋한 냄새를 맡으며 요리에 집중할 때마다, 그녀는 묘한 평온함을 느꼈다.

"오늘은 리조또를 만들어볼게요." 선생님의 설명을 들으며 재료를 준비하는 순간부터, 박은미 씨의 세계는 달라졌다. 양파가 투명해질 때까지 볶아야 한다는 것, 쌀이 브로스를 천천히 흡수하는 과정을 기다려야 한다는 것, 그 모든 것에 온전히 집중했다.

평소라면 "빨리 끝나면 좋겠다"고 생각했을 텐데, 그날은 달랐다. 나무 주걱으로 쌀을 젓는 그 단순하고 반복적인 동작이 마치 명상 같았다. 시간은 천천히 흘렀고, 그 시간이 아깝지 않았다. 오히려 더 머물고 싶었다.

리조또가 완성되었을 때, 그녀가 느낀 것은 단순한 '요리 실력 향상'이 아니었다. 자신이 무언가에 완전히 몰입할 수 있다는 것, 그리고 그 과정에서 마음이 평화로워질 수 있다는 것에 대한 발견이었다.

과정 속에 숨어 있는 보물

40대 중반의 이종호 씨는 최근 기타를 배우기 시작했다. 청춘 시절의 꿈을 뒤늦게 꺼내든 것이다. 처음엔 손가락이 아팠고, 코드를 누르는 것조차 버거웠다. 하지만 매일 저녁 30분씩 연습을 이어가면서, 그는 놀라운 변화를 경험했다.

어느 날, 'G-C-D' 코드 진행을 연습하던 중이었다. 수백 번도 더 연습한 코드였지만, 그날은 달랐다. 손가락이 자연스럽게 움직였고, 소리가 깔끔하게 이어졌다. 그 순간, 이종호 씨는 자신이 완전히 그 순간에 있다는 것을 느꼈다. 과거의 실수도, 미래의 걱정도 사라졌다. 오직 지금, 여기, 이 소리만이 존재했다.

"아, 이게 몰입이구나." 그는 혼자 중얼거렸다. 기타를 '잘 치는 것'이 목표가 아니었다. 그 과정에서 느끼는 이 감정, 이 순간이 진짜 선물이었다.

일상 속에서 다시 찾은 흐름

몰입은 특별한 상황에서만 일어나는 것이 아니다. 우리의 일상 곳곳에 숨어 있다. 중요한 것은 결과를 향해 달려가느라 과정을 놓치지 않는 것이다.

30대 직장맘인 최수정 씨는 아이와 함께 그림을 그리던 순간에서 그것을 발견했다. 크레파스로 동그라미를 그리고, 색칠을 하는 단순한 활동이었지만, 아이의 진지한 표정을 보며 함께 집중하다 보니 시간 가는 줄 몰랐다. 그림의 완성도는 중요하지 않았다. 아이와 함께 무언가에 몰두하는 그 과정이 주는 따뜻함이 전부였다.

감정이 살아나는 법칙

흐름이 좋았던 날들을 되돌아보면 공통점이 있다. 그날들에는 반드시 감정이 살아 있었다. 기쁨, 호기심, 평온함, 때로는 약간의 긴장감까지. 이런 감정들이 우리를 현재 순간에 머물게 한다.

반대로 감정이 죽어 있는 날들은 어떤가? 기계적으로 반복되는 일상, 의무감으로만 채워진 하루들. 그런 날들은 아무리 많은 일을 해내도 공허함만 남는다.

존 듀이가 말했듯이, 경험의 의미는 과정에서 찾아진다. 우리가 진정으로 살아 있다고 느끼는 순간들은 무언가를 '성취'했을 때가 아니라, 그 과정에 완전히 몰입했을 때다.

다시 찾는 흐름의 순간들

그렇다면 어떻게 하면 이런 몰입의 순간들을 더 자주 만들 수 있을까?

첫째, 작은 것부터 시작하자. 거창한 목표가 아니어도 된다. 커피 한 잔을 천천히 마시며 그 향과 맛에 집중하는 것, 산책하며 계절의 변화를 관찰하는 것, 아이와 함께 책을 읽으며 그 순간에 완전히 빠져드는 것.

둘째, 결과에 대한 압박을 내려놓자. '잘해야 한다', '성공해야 한다'는 생각이 오히려 몰입을 방해한다. 과정 자체를 즐기려는 마음이 중요하다.

셋째, 감정을 억누르지 말자. 호기심이 생기면 따라가고, 재미있으면 웃고, 감동받으면 그 감정을 온전히 느끼자. 이런 감정들이 우리를 현재로 데려온다.

오늘 저녁, 스마트폰을 잠시 내려놓고 자신만의 '흐름'을 만들어보는 것은 어떨까? 그것이 무엇이든 상관없다. 중요한 것은 그 순간에 완전히 존재하는 것, 그리고 그 과정에서 살아나는 감정을 느끼는 것이다.

흐름이 좋았던 날들을 떠올려보면, 그때의 나는 정말로 '살아 있었다'. 그리고 그런 순간들은 여전히 우리 곁에 있다. 다만 우리가 알아채지 못할 뿐이다.

작고 단순한 일도 나를 살게 할 수 있다

"조건은 단 하나: 내가 살아 있었는가?"

진짜일은 반드시 거창한 일이 아니어도 됩니다. 중요한 것은 내가 그 일을 하며 살아 있음을 느꼈는가 하는 것입니다. 작은 일에서도 몰입을 경험할 수 있습니다. 당신에게 의미 있었던 작은 일은 무엇인가요?

아버지의 마지막 선물

41세의 김민호는 아버지의 유품을 정리하던 중 낡은 공구함을 발견했다. 그 안에는 세월의 흔적이 묻은 드라이버, 망치, 그리고 여러 크기의 나사들이 가지런히 정리되어 있었다.

"아빠는 정말 손재주가 없으셔서…" 민호는 쓴웃음을 지었다. 어린 시절 집안의 고장 난 물건들은 항상 어머니가 수리했고, 아버지는 늘 "내가 하면 더 망가뜨린다"며 손사래를 쳤다. 그런 아버지가 왜 이런 공구를 모아뒀을까?

며칠 후, 민호는 6살 아들 준이가 장난감 자동차 바퀴가 빠져서 울고 있는 것을 보았다. 평소라면 "새 걸로 사주겠다"고 했을 텐데, 이번엔 달랐다. 아버지의 공구함이 떠올랐다.

"아빠가 고쳐줄게."

처음 잡아보는 작은 드라이버는 어색했다. 손이 떨려 나사를 제대로 잡지 못했고, 땀이 났다. 하지만 이상하게도 포기하고 싶지 않았다. 30분 만에 바퀴는 제자리를 찾았다.

"아빠 최고!" 준이가 환하게 웃으며 고쳐진 자동차를 굴렸다. 그 순간

민호는 뭔가 벅찬 감정이 밀려오는 것을 느꼈다.

평범한 일상의 특별한 발견

그 이후로 민호에게는 작은 변화가 생겼다. 집안의 고장 난 것들을 직접 고쳐보기 시작한 것이다. 느슨해진 문고리, 삐걱거리는 의자, 제대로 닫히지 않는 서랍… 하나하나가 작은 도전이었다.

회사에서는 여전히 프로젝트 매니저로서 큰 업무들을 처리했지만, 정작 그에게 더 큰 만족을 주는 것은 집에서의 이 작은 수리들이었다. 동료들이 "요즘 뭔가 달라 보인다"고 할 때, 민호는 그 이유를 정확히 설명할 수 없었다.

어느 토요일 오후, 베란다에서 아내의 화분 받침대를 고치고 있는데 아내가 커피를 가져다주었다.

"여보, 요즘 당신 보는 재미가 쏠쏠해요. 뭔가… 살아있다는 느낌?"

아내의 말에 민호는 드라이버를 든 손을 멈췄다. 맞다. 그것이었다. 살아있다는 느낌.

할아버지가 되어서야 알게 된 것

저녁에 민호는 어머니에게 전화를 걸었다.

"어머니, 아버지가 왜 공구를 모아두셨을까요? 평생 수리 한 번 안 하시면서…"

어머니는 잠시 침묵하더니 말했다.

"아버지가 돌아가시기 전에 그러시더라. 평생 직장에서만 사느라 집에서는 아무것도 못 해드렸다고. 손자한테는 할아버지가 뭔가 해주는 모습을 보여주고 싶다고 하시면서 공구들을 하나씩 사다 놓으셨어. 근데 몸이 아프셔서…."

민호는 가슴이 뭉클해졌다. 아버지도 알고 있었던 것이다. 진짜일이 무엇인지를.

진짜일의 의미

다음 날 일요일, 민호는 준이와 함께 작은 새집을 만든다고 했다. 사실은 핑계였다. 그냥 아버지의 공구들을 준이에게 하나씩 보여주고 싶었다.

"아빠, 이 망치 왜 이렇게 무거워요?"

"할아버지가 쓰시던 거야. 이걸로 우리 집도 고치고, 할머니 가구도 고쳤을 거야."

준이는 진지한 표정으로 작은 손으로 망치를 들어보았다. 그 모습을 보며 민호는 깨달았다.

회사에서 담당하는 수억 원짜리 프로젝트보다, 아이의 장난감을 고치는 것이 더 진짜일이었다. 큰 회의실에서 발표하는 것보다, 베란다에서 화분 받침대를 만드는 것이 더 살아있음을 느끼게 했다.

조건은 단 하나

그날 밤, 민호는 일기장에 이렇게 적었다.

"진짜일의 조건은 단 하나다. 내가 그 일을 하며 살아 있음을 느꼈는가? 크기나 가치는 상관없다. 중요한 것은 내가 온전히 그 순간에 있었는가, 내 존재를 확인할 수 있었는가 하는 것이다."

이제 민호는 안다. 아버지가 남긴 공구함은 단순한 도구가 아니라 메시지였다는 것을. '살아있음을 느끼는 일을 하라'는.

당신의 작은 일은 무엇인가요?

우리는 모두 '큰 일'을 꿈꾼다. 성공, 성취, 인정받는 일들을. 하지만 정작 우리를 살아있게 하는 것은 그런 거창한 일들이 아닐지도 모른다.

누군가에게는 아이의 머리를 빗겨주는 것일 수도 있고, 어떤 이에게는 작은 화분에 물을 주는 것일 수도 있다. 또 다른 누군가에게는 좋아하는 음악에 맞춰 설거지를 하는 것일 수도 있다.

중요한 것은 그 순간 당신이 완전히 그 일에 몰입했는가, 그 일을 통해 살아있음을 느꼈는가 하는 것이다.

민호가 아버지의 공구로 아들의 장난감을 고치며 느낀 그 벅찬 감정처럼, 당신에게도 그런 순간들이 있을 것이다. 그것이 바로 당신의 '진짜일'이다.

오늘 당신을 살아있게 만든 작은 일은 무엇이었나요?

오늘, 나는 어떤 순간에 몰입했는가?

"감각 기반 '진짜일 루틴'의 시발점"

매일 몰입의 순간을 찾아보자. 철학자 니체는 "삶을 변화시키는 것은 반복되는 작은 습관들이다"라고 말했다. 오늘 당신이 몰입한 순간은 언제였나? 그 순간을 기록하며 진짜일을 찾는 루틴을 만들어 보자.

정우의 깨달음

정우는 오늘도 똑같은 하루를 보냈다고 생각했다. 아침 7시 알람, 출근길 지하철, 회의실에서의 끝없는 미팅, 저녁 9시가 되어서야 집에 도착하는 일상. 40대 중반에 접어든 그에게 매일은 그저 견뎌내야 할 시간의 연속처럼 느껴졌다.

그런데 오늘 밤, 침대에 누워 하루를 돌이켜보던 정우는 이상한 기분을 느꼈다. 분명히 바쁘고 피곤한 하루였는데, 어딘가 모르게 충만한 느낌이 들었다. 무엇이 달랐을까?

문득 오후 3시쯤의 순간이 떠올랐다. 신입사원 김대리가 프로젝트 진행에 어려움을 겪고 있을 때, 정우는 자연스럽게 그의 옆자리로 가서 함께 문제를 풀어나갔다. 그 30분 동안 시계를 한 번도 보지 않았다. 복잡한 데이터를 정리하고, 해결책을 찾아가는 과정에서 정우는 완전히 몰입해 있었다. 마치 퍼즐 조각이 맞춰지듯 문제가 해결되어 갈 때의 그 희열을 느꼈다.

"아, 이거였구나." 정우는 중얼거렸다.

몰입의 발견

니체는 "삶을 변화시키는 것은 반복되는 작은 습관들이다"라고 말했다. 정우는 이 말의 의미를 이제야 이해하기 시작했다. 중요한 것은 거창한 변화가 아니라, 매일매일 자신이 진정으로 몰입할 수 있는 순간을 찾아내는 것이었다.

다음 날부터 정우는 작은 실험을 시작했다. 하루가 끝날 때마다 "오늘, 나는 어떤 순간에 몰입했는가?"라고 스스로에게 물어보는 것이었다. 처음에는 찾기 어려웠다. 하루 종일 바쁘게 움직였지만 진정으로 몰입한 순간이 없는 날들이 많았다.

하지만 며칠이 지나자 패턴이 보이기 시작했다. 정우가 가장 몰입하는 순간들은 누군가를 가르치거나 도울 때, 복잡한 문제를 해결할 때, 그리고 새로운 아이디어를 구상할 때였다. 반대로 단순한 반복 업무나 형식적인 회의에서는 시간이 더디게 흘렀다.

진짜일을 찾아가는 여정

정우와 같은 반에서 일하는 미영도 비슷한 고민을 하고 있었다. 35세, 두 아이의 엄마인 그녀는 매일 회사와 집을 오가며 바쁘게 살고 있었지만, 뭔가 공허함을 느끼고 있었다.

어느 날 정우가 미영에게 물었다. "요즘 일하면서 언제가 가장 즐거우세요?"

미영은 잠시 생각해보더니 대답했다. "음… 신제품 기획회의에서 아이디어를 내고 있을 때? 그때는 정말 시간 가는 줄 모르겠더라고요. 집에서도 계속 생각나고요."

"그럼 그게 바로 당신의 '진짜일'일 수도 있겠네요."

정우의 말에 미영은 깜짝 놀랐다. 자신이 가장 몰입하는 순간이 곧 자신의 진정한 재능과 열정이 발휘되는 순간일 수 있다는 생각을 해본 적이 없었기 때문이다.

감각으로 느끼는 몰입의 신호

정우와 미영은 몰입의 순간을 더 정확히 파악하기 위해 감각적인 기준을 만들어보기로 했다.

- **시간 감각의 변화:** 몰입할 때는 시간이 빨리 가거나 아예 시간을 잊는다.
- **몸의 신호:** 어깨와 목의 긴장이 풀리고, 호흡이 자연스러워진다. 반대로 억지로 하는 일을 할 때는 몸이 경직된다.
- **마음의 상태:** 걱정이나 잡념이 사라지고, 오직 그 순간에 집중하게 된다.
- **에너지의 방향:** 피곤함보다는 활력이 생기고, 더 하고 싶은 마음이 든다.

이런 기준으로 일주일을 관찰한 결과, 정우는 놀라운 사실을 발견했다. 자신이 가장 몰입하는 업무들이 회사에서 '부수적'이라고 여겨지는 일들, 즉 후배 교육이나 프로세스 개선 같은 것들이었다는 점이었다.

작은 변화, 큰 전환

정우는 용기를 내어 상사와 면담을 요청했다. 자신이 발견한 몰입의 패턴을 설명하고, 교육이나 프로세스 개선 업무를 더 많이 맡을 수 있는지 문의했다. 처음에는 의아해하던 상사도 정우의 진정성을 느끼고 기회를 주었다.

6개월 후, 정우는 회사의 신입사원 교육 프로그램을 전담하게 되었다. 더 이상 하루하루가 견뎌내야 할 시간이 아니었다. 매일이 기대되고, 에너지가 넘쳤다.

미영도 마케팅 기획 업무 비중을 늘려나갔다. 아이들에게도 "엄마가 요즘 일이 너무 재미있어"라고 말할 수 있게 되었다.

몰입의 순간을 찾아보자

니체의 말처럼, 삶을 변화시키는 것은 거창한 결심이 아니라 작은 습관의 반복이다. 매일 잠들기 전 5분만 투자해서 "오늘, 나는 어떤 순간에 몰입했는가?"라고 스스로에게 물어보자.

처음에는 답이 쉽게 나오지 않을지도 모른다. 하지만 며칠, 몇 주가 지나면서 패턴을 발견하게 될 것이다. 그 패턴이 바로 당신의 '진짜일'로 가는 나침반이 될 것이다.

몰입의 순간은 거짓말을 하지 않는다. 머리로 생각하는 '해야 할 일'이 아니라, 온몸으로 느끼는 '하고 싶은 일'을 알려준다. 그 감각을 신뢰하고 따라가다 보면, 어느새 당신도 정우와 미영처럼 매일이 기대되는 삶을 살게 될 것이다.

오늘부터 시작해보자. 오늘 당신이 몰입한 순간은 언제였나?

7 Days 실천 플랜 템플릿

3장에서 나눈 내용을 일상생활에 적용 및 실천해 볼 수 있도록 '7 Days 실천 템플릿'을 준비했다. 꼭 거창할 필요는 없다. 작은 변화부터 시작해도 충분하다. 가볍게 마음을 열고, 아래의 질문을 하루에 하나씩 생각해 보며 당신만의 일상 속 '진짜일'을 찾아 보자. 하루 하루를 기록하며 느낀 점이나 직접 실천한 내용을 구체적으로 기록하면, 몰입의 순간을 더 잘 기억하고, 스스로의 몰입 패턴을 발견하는데 큰 도움이 될 것이다.

진짜일은 결과물이 아닌 과정 속에서 발견된다.

오늘은 당신만의 진짜일을 찾아 떠나는 행복한 여정의 'D-Day'가 될 것이다.

Q1. 오늘 내가 몰입했던 순간은 언제였는가?
Q2. 그 순간, 어떤 감정이 들었고 어떤 의미가 있었는가?
Q3. 나만이 할 수 있는 일은 무엇인가? 오늘 작게라도 실천해 봤는가?
Q4. 아주 사소한 일 속에서도 몰입을 느껴본 적이 있는가?

Day	오늘 몰입했던 순간은?	그 순간, 어떤 감정 & 어떤 의미가?	나만이 할 수 있는 일은? 오늘 작게라도 실천?	사소한 일 속에서 몰입을?
Day 1				
Day 2				
Day 3				
Day 4				
Day 5				
Day 6				
Day 7				

활용 방법

- 매일 저녁 또는 하루를 마무리하며 각 칸에 질문에 따라 구체적으로 기록한다.
- 3주 이상 지속하면 자신만의 몰입 패턴과 성장 포인트를 발견할 가능성이 높다.
- 필요에 따라 각 칸의 공간을 넓혀 인쇄하거나, 노트에 옮겨 자유롭게 작성해도 좋다.

"가장 깊이 몰입했던 순간" 구체적 기록 예시

- 날짜: 2025년 6월 10일
- 장소: 집 서재
- 상황: 저녁 8시부터 10시까지, 내가 집필 중인 책의 한 챕터를 집중해서 썼다.
- 몰입의 신호
    - 시간이 어떻게 흘렀는지 전혀 인식하지 못했다.
    - 휴대폰 알림이나 주변 소음이 전혀 신경 쓰이지 않았다.
    - 아이디어가 자연스럽게 이어져서, 글이 술술 써졌다.
- 감정과 생각
    - 글을 써 내려가는 동안 뿌듯함과 자신감이 들었다.
    - 평소보다 더 창의적인 표현이 떠올라 스스로도 놀랐다.
- 의미와 배운 점
    - 내가 진짜 좋아하는 일에 몰두할 때 가장 큰 만족감을 느낀다는 걸 다시 확인했다.
    - 앞으로 중요한 글을 쓸 때는 방해받지 않는 환경을 먼저 만드는 것이 중요하다는 걸 깨달았다.

4장

몰입은 감정에서 시작되고, 질문으로 완성된다

감정 → 감각 → 질문 → 실천,
하루를 설계하는 루틴의 힘

김기진

1
감정을 기록하면, 나를 되찾기 시작한다

하루 한 줄 감정 기록, 나를 다시 감지하는 연습

바쁘게 흘러간 하루를 돌아보며 "오늘 어떤 감정을 느꼈지?"라고 자신에게 조용히 물어본 적이 있는가? 대부분은 없다. 해야 할 일에 쫓기다 보면 감정은 뒤로 밀리고, 어느새 하루는 끝나 있다. 성과는 남았을지 몰라도 감정은 흔적도 없이 사라져버린다. 그런데 몰입이 사라졌다고 느끼는 순간을 떠올려보면 그 속에는 하나의 공통점이 있다. 바로 '감정을 감지하지 않은 하루'라는 것이다.

감정은 단순한 느낌이 아니다. 그건 내가 지금 이 일에 얼마나 살아있는지, 얼마나 움직이고 있는지를 알려주는 신호이자 입구다. 몰입이란 감정이 반응할 때 시작된다. 그리고 그 감정은 기록하지 않으면 지나가버린다. 그래서 우리는 매일 하루의 끝에 단 한 줄이라도 감정을 써야 한다. 거창할 필요도 없다.

"짜증났다"
"뿌듯했다"
"찜찜했다"
"몰입했다"

이 짧은 기록은 단지 기분을 메모하는 것이 아니라 나의 존재가 오늘 하루에 있었음을 붙잡는 행위다.

기술이 모든 것을 대신해주는 시대에 감정까지 위임해버린다면 나는 점점 더 나를 잃어간다. AI는 감정을 모사할 수 있을지는 몰라도 내가 실제로 느낀 그 순간의 진동은 나만이 붙잡을 수 있다. 감정은 몰입의 입구이고, 그 입구는 쓰는 순간 열린다. 말로 표현된 감정은 내 감각의 흐름을 타고 의미로 옮겨지고, 그 의미는 실천으로 확장된다. 하루 한 줄, 그 기록은 작지만 당신을 다시 일에 연결해줄 가장 확실한 감각 루틴이 된다.

"근데, 이걸 매일 쓰는 게 정말 도움이 돼요?" 어느 날 동료가 물었다. 나는 잠시 웃으며 이렇게 말했다. "처음엔 나도 그냥 낙서처럼 썼지. 그런데 신기하게도 계속 쓰다 보니까 하루의 진짜 장면들이 거기서만 살아나더라고." 정말 그랬다. '짜증났다', '불안했다', '집중됐다' 같은 한 줄짜리 감정 기록들은 내가 그날 무엇에 반응했고 어떤 순간에 '나'였는지를 되짚게 해줬다. 하루가 다 지나고 나서야 알게 되는 경우도 있다. 아, 그 순간. 그 말 한마디가, 그 눈빛 하나가 내 안에 이렇게 오래 남아 있을 줄은 몰랐다고. 그건 숫자나 일정보다 오래 남는 감각이었다. 그리고 그 감각이 쌓이면 '내가 일하고 있다'는 느낌이 아니라

'내가 살아 있었다'는 흔적이 된다.

어쩌면 우리는 너무 오래 성과와 생산성에만 반응해온 건 아닐까? 아침에 뭘 성취할지 생각하기 전에 "오늘은 어떤 감정을 지켜내고 싶은가?"라는 질문부터 시작해보면 어떨까. 기분이 무너지는 순간은 예고 없이 찾아온다. 실망, 무시당한 느낌, 혼자라는 외로움. 그런 날도 있다. 그런데 그 감정을 인정하고 써보는 것만으로도 그 하루는 더 이상 '잃어버린 하루'가 아니다.

나는 요즘 하루가 끝날 즈음이면 다이어리 한 귀퉁이에 이렇게 적는다. "오늘 가장 반응한 순간은 언제였는가?", "그 감정은 어디서 왔는가?", "나는 그 순간 살아 있었는가?" 답이 길지 않아도 된다. 딱 한 줄이면 충분하다. 하지만 그 한 줄이 나를 다시 몰입의 입구로 데려다준다.

기계는 효율로 움직이고, 우리는 감정으로 움직인다. 그리고 그 감정을 쓰는 순간, 비로소 나는 내 하루를 기억할 수 있는 하루로 만들게 된다.

"짜증났다"에서 멈추지 않고 "왜 짜증났는가"로

"짜증났다" 그 한 마디면 다 설명된 줄 알았다. 하지만 시간이 지나고 다시 떠올려보면, 무엇 때문에 짜증났는지조차 흐릿해진다. 감정은 순식간에 올라오지만, 이유 없이 머물지는 않는다.

처음 감정기록을 시작했을 때, 나도 그랬다.

짜증, 피로, 무기력…

단어만 적어놓고 나면 뭔가 한 것 같았지만, 그게 전부는 아니었다. 진짜 몰입 루틴은 거기서 한 걸음 더 들어가는 데서 시작된다.

"왜 짜증났지?"
"무엇이 나를 건드렸지?"
"그 순간 나는 어떤 신호를 느꼈던 걸까?"

이 질문을 붙이는 순간, 감정은 단지 기분의 이름이 아니라, 맥락을 가진 메시지로 바뀐다.
어느 날 회의 후에 이렇게 적었다.
"짜증났다. 왜? 의견을 말했는데, 아무도 반응하지 않았다. 그냥 넘어가는 분위기. 나만 너무 진지했던 건가 싶었다."
이 짧은 기록은 그날 나의 감정을 복기하는 데 그치지 않았다. 그 안에는 내가 무엇을 기대했고, 무엇에 상처받았으며, 무엇이 나에게 중요한지까지 담겨 있었다. 짜증은 거절당한 감정의 언어였고, 인정받고 싶은 마음의 반작용이었다. 그걸 쓰고 나서야 알았다. 나는 '결과'보다 '존중받는 과정'에서 에너지를 얻는 사람이란 걸.
그 뒤로는 회의 방식도 조금 바꿨다. 사전에 말하고 싶은 내용을 공유하고, 말을 꺼내기 전에 동의를 구하는 식으로 작은 리듬을 넣었다. 그랬더니 반응도 달라지고, 짜증도 줄어들었다.
감정을 분석한다는 건 생각보다 실용적이다. 그건 내 하루를 복기하고, 나를 더 잘 이해하고, 다음 행동을 리디자인하는 루틴이기 때문이다.

사실 대부분의 감정은 무의식적으로 지나간다. 특히 바쁠수록 더 그렇다. 우리는 머릿속으로는 일을 처리하고 있지만, 마음속에서는 작은 감정들이 끊임없이 부딪히고 있다. 그걸 그냥 덮고 지나치면, 하루가 쌓일수록 피로도 함께 쌓인다. 반대로, 감정의 언어를 정확히 붙잡아 주면 생각은 더 선명해지고, 행동은 더 유연해진다.

짜증났다. → 무시당했다고 느꼈다. → 나는 존중을 원한다. → 그래서 나는 말하는 방식을 바꾸기로 했다.

이건 감정 쓰기의 확장형이다. 그리고 이 흐름은 단순하지만 강력한 몰입 복원 도구다. 어느 날은 이렇게 적었다.

"무기력했다. 같은 문서를 세 번째 수정했는데도 방향이 없었다. 내가 주도한 게 아니라, 끌려갔다는 느낌이 들었다. 다음엔 시작 전에 내가 먼저 목적을 명확히 해야겠다."

그날은 '무기력'이라는 단어로 시작했지만, 마무리는 몰입을 회복하기 위한 나만의 실천 전략으로 끝났다. 결국, 감정 언어는 단지 '감정의 이름'을 붙이는 것이 아니라 내 존재의 방향을 다시 세우는 도구가 된다.

지금도 가끔은 짜증이 난다. 피곤할 때도, 지쳤을 때도 있다. 하지만 이제는 그 감정을 그냥 넘기지 않는다. 내 안에서 무슨 일이 일어나고 있는지를 한 줄 더 들어가서 적어본다. 그 작은 습관이

내 감정을 정리해주고,

내 생각을 투명하게 해주고,

내 다음 행동을 만들어준다.

감정은 흘러가게 두는 것이 아니라 붙잡아서 의미로 바꾸는 것이다. 그 시작은 단 하나의 질문이다.

"왜?"

이 질문이 있는 하루는 더는 기계처럼 움직이지 않는다. 그 하루엔 나의 흔적이 남는다. 그리고 그 흔적이 모일수록 나는 점점 더 나답게 일할 수 있게 된다.

감정의 흐름은 일의 패턴을 드러낸다

처음엔 단지 하루 한 줄 감정을 적는 것으로 충분하다고 생각했다.
짜증, 피곤, 기대, 몰입…
그날그날 떠오르는 감정을 기록하며 조금씩 나의 일상이 선명해지는 것을 느꼈다. 하지만 어느 날, 문득 궁금해졌다.
"이 감정들이 어떤 흐름을 만들고 있는 걸까?"
기록을 몇 주 쌓아놓고 다시 들여다보는 순간, 나는 나도 몰랐던 나의 업무 패턴과 마주하게 됐다.
월요일 오전엔 늘 피로감이 적혀 있었다. 화요일 오후엔 짜증이 반복됐다. 수요일에는 '무기력'이라는 단어가 자주 등장했다. 반면, 금요일 오전에는 '집중됨', '몰입', '뿌듯함' 같은 표현이 눈에 띄게 늘어났다.
처음엔 우연이라 생각했다. 그런데 다시 내 일정을 들춰보니, 월요일 오전엔 항상 '보고서 초안 작업', 화요일 오후엔 '피드백 회의', 수요일은 '반복된 수정', 그리고 금요일엔 '결과물 완성'이 있었다.

감정이 나보다 먼저 그 리듬을 알고 있었던 것이다. 그리고 그 감정들은 매일 내게 신호를 보내고 있었는데, 나는 그걸 흘려보내고만 있었던 것이다.

"나는 일에 몰입이 안 된다"고 말하는 사람들이 많다. 하지만 사실은 몰입이 안 되는 것이 아니라, 몰입을 방해하는 감정 패턴을 모른 채 반복하고 있는 경우가 대부분이다.

항상 짜증이 나는 루틴이 있다면, 그건 단순한 기분의 문제가 아니다. 그 구조 안에 '나'가 사라지는 지점이 있는 것이다.

그걸 알아차리지 못하면, 짜증은 감정을 덮는 먼지처럼 쌓이고, 어느 순간 무기력과 자책이 뒤따라온다. 감정의 패턴을 분석하면, 일의 흐름도, 몰입의 타이밍도, 내가 진짜로 '살아 있는 실천'을 했던 순간도 보이기 시작한다.

한 주간의 감정 기록을 시간 순으로 정리해보자. 간단한 표로 만들어서 패턴을 눈에 띄게 해보면 좋다.

요일	시간대	감정 키워드	업무 유형	에너지 흐름
월	오전	무거움, 부담	초안 작성	저하 시작
화	오후	짜증, 혼란	피드백 회의	에너지 분산
수	오후	무기력	반복 수정	최저점
목	오전	집중	기획 회의	반등 시점
금	오전	몰입, 뿌듯함	결과 정리	회복 및 만족

이 표를 보고 나서 나는 하나의 전략을 세웠다. 가장 에너지가 높은 금요일 오전에 중요한 대면 발표를 배치하고, 가장 피로한 수요일 오후에는 혼자 하는 단순 업무를 넣었다. 그 결과, 같은 일을 하면서도 몰입 곡선이 훨씬 부드러워졌다.

감정은 반복된다. 그러므로 감정은 흐름이다. 그리고 흐름은 관리가 아니라, 감지하고 조율하는 것이다.

"나는 반복에 지친 게 아니라, 감정이 무뎌졌구나."
"지금 이 피로는 내가 실천하고 싶은 방향과 어긋났기 때문이구나."
"몰입이 터졌던 순간은 내가 존재감을 느꼈을 때였지."
이런 문장들이 나의 감정 기록 속에서 자연스럽게 튀어나온다.

기록은 진단이 되고,
진단은 전략이 되고,
전략은 새로운 몰입 루틴이 된다.

어떤 날은 감정 기록을 보며 혼자 피식 웃는다. 이틀 전, '짜증남'으로 기록했던 날의 메모 끝에 이렇게 적혀 있었다.

"결국 내가 뭘 원하는지 말하지 않았던 게 문제였다. 다음엔 말하자."
그 짧은 문장이, 지금 내 일의 방향을 조금 바꾸고 있다. 그리고 그 작은 변화들이 쌓여 나는 점점 진짜일에 가까워지고 있다.

2
감각이 흔들린 순간을 놓치지 말자

오늘 어떤 장면에서 마음이 반응했는가?

하루를 마무리할 즈음, 가만히 앉아 오늘 하루를 천천히 되짚는다. 아침에 급히 출근 준비를 하던 장면, 메일을 쏟아내며 정신없이 보낸 오전, 회의 중에 들은 말, 점심 메뉴를 고르던 짧은 고민, 그리고 퇴근 직전의 루틴한 보고서.

그렇게 하루를 거꾸로 돌리다 보면, 어느 한 순간, 묘하게 마음이 멈추는 장면이 있다. 누군가의 말 한마디, 혹은 아무도 없는 복도에서의 짧은 정적, 혹은 불쑥 올라온 답답함 같은 것들. 그게 바로 감정이 '흔들린 순간'이다. 그리고 그 흔들림이야말로 **몰입의 기점**이다.

"감정이 흔들렸다"는 말은 부정적으로 들릴 수 있다. 마음이 요동치고, 집중이 흐트러지고, 감정이 흔들린다는 건, 일의 리듬을 깨뜨리는 일처럼 여겨지기도 한다. 하지만 나는 말하고 싶다. **감정이 흔들렸다는**

건, 그 순간에 당신이 '살아 있었다'는 증거라고.

무감각은 일의 속도는 유지하지만, 존재를 지우고 간다. 그에 비해 감정의 흔들림은 **존재가 깨어난 징후**다. 그건 단지 피로가 아니라, 당신의 가치가 건드려졌다는 신호다. 그건 무능이 아니라, 당신 안의 기준이 작동하고 있다는 징표다.

어느 날 오후 3시쯤, 한 후배가 회의 도중 엉뚱한 의견을 냈다. 처음엔 "아, 또 이 타이밍에…"라는 생각이 먼저 들었지만, 그 후배의 얼굴을 보면서 이상하게 마음이 울컥했다. 그 순간, 아주 오래전 나의 모습이 겹쳐졌기 때문이다. 나도 누군가 앞에서, 그런 눈빛으로 의견을 말했던 적이 있었다. 그 기억이 떠오르자, 회의에 집중하던 내가 아닌, '누군가를 지켜보고 있는 나'가 깨어났다. 그건 감정의 흔들림이자, **몰입의 방향이 바뀌는 순간**이었다.

우리는 종종 일의 결과만을 추적한다. 성과, 수치, 피드백, 일정. 하지만 진짜 몰입은 **결과가 아닌 반응**에서 **시작된**다. 그리고 그 반응은 대개 아주 작고, 조용하고, 설명되지 않은 장면에서 찾아온다.

그걸 그냥 넘기지 말고 붙잡아보자. 그 감정의 흔들림은 당신의 '몰입 포인트'를 말해주는 지점이다. 그게 기쁨이든, 서운함이든, 뿌듯함이든, 불편함이든 상관없다. 그건 당신이 지금 일 속에서 **무엇에 진심으로 연결되어** 있는지를 보여주는 단서다.

하루 한 장면, 당신의 감정이 살짝 흔들렸던 그 순간을 포착해보라. 그 장면을 메모장에 이렇게 적을 수도 있다.

"오후 4:20, 팀장의 말투가 예민하게 느껴졌다.

순간 마음이 움찔.
아, 지금 내가 예민한 상태였구나.
그리고 어쩌면 '그 말'은 내 불안을 건드린 말일지도.
그 불안을 피하지 않고, 들여다봐야겠다."

이 기록이 없었다면, 그날의 감정은 단지 "기분이 나빴다"로 끝났을 것이다. 하지만 그 감정의 진동을 포착한 덕분에, 그날은 **나를 성찰하는 날**로 바뀌었다.

몰입은 거창한 계획이나 의지에서 시작되지 않는다. 몰입은 감정의 흔들림을 감지하고, 그 흔들림 속에서 '무엇이 나를 반응하게 했는지'를 알아차리는 **작고 섬세한 인식에서 시작된다.**

그래서 오늘도 나는 하루가 끝나기 전에 자신에게 이렇게 묻는다. "오늘, 나의 감정이 가장 흔들렸던 순간은 언제였는가?", "그 순간, 나는 왜 반응했을까?", "그 흔들림은 나에게 무엇을 말하고 있었을까?"

이 질문에 답하는 연습을 반복하다 보면, 어느 날 당신은, 감정의 파도 속에서 단단히 중심을 잡고, 몰입의 리듬 위에 서 있는 자신을 발견하게 될 것이다.

감정이 반응한 자리에서만 진짜 실천이 자란다

어느 날 문득 이런 생각이 들었다. "나는 지금 '일'을 하고 있는 걸까, 아니면 그냥 '일을 반복하고 있는' 걸까?" 겉으로는 분주하고, 처리 속도도 빠르고, 성과도 일정대로 쌓이고 있다. 그런데 이상하게 하루가 끝났을 때 남는 게 없다. 기억도, 감정도, 흐름도 사라진 듯한 허전함. 무언가 잘하고는 있는데, 정작 '살아 있는 느낌'은 들지 않는다. 그건 아마도, 내 안의 감각이 흐르지 않았기 때문일 것이다.

감각이 흐른다는 건 무언가에 깊이 연결되고 있다는 뜻이다. 손끝이 기억하고, 눈이 반응하고, 마음이 움직이고 있다는 뜻이다. 그리고 그 흐름이 만들어질 때 우리는 그 일을 '의미 있는 실천'으로 기억하게 된다.

반대로 감각 없이 하는 일은 아무리 중요하고 성과가 있어도 내 안에는 남지 않는다. 그건 '일'은 될지 몰라도, '내 일'은 아니다.

나는 그런 감각의 부재를 자주 회의 시간에 느낀다. 계획은 나왔고, 할 일도 정해졌고, 사람들도 고개를 끄덕였지만 분위기엔 온기가 없다. '동의'는 있지만 '연결'은 없다. 그럴 땐 묻는다.

"지금 우리 안에 어떤 감각이 흐르고 있는가?"
"이건 진짜 우리 모두가 살아 있는 실천인가?"

정적이 흐를 수도 있다. 하지만 그 질문 하나가, 그 순간을 다르게 만든다. 실행은 감각을 통과할 때 비로소 몰입이 된다. 우리는 너무 자주 '일정'만 보고 움직인다. 그 일정이 아무리 빡빡하고 중요해도 감각이 따라오지 않으면 그건 단지 '루틴'일 뿐이다. 일정을 감각으로 바꾸는 건 크게 어렵지 않다. 아주 작은 질문 하나면 된다.

"지금 이 일을 하면서 내 감각은 살아 있는가?"
"이 문장을 쓰면서 내 손끝은 설레고 있는가?"
"지금 이 발표를 준비하면서 내 마음은 어디에 와 있는가?"

감각은 방향을 알려준다. 머리는 계획을 세우지만 몸과 마음은 감각으로 움직인다. 그리고 그 감각이 살아 있는 일만이 '의미 있는 실천'이 될 수 있다.

나는 요즘, 일정표 옆에 작은 여백을 만들어둔다. 그날 내가 감각을 느낀 순간을 적는 공간이다.

"팀원과 마주 앉아 계획을 이야기하던 순간, 눈빛이 반짝였다. 그때 이 일이 진짜 우리 일 같았다."
"문장 하나를 다듬다, 갑자기 손이 멈췄다. 이 말은 누군가에게 상처가 되겠구나. 그래서 다시 썼다."

그 짧은 메모들이 내 하루의 의미 지도를 바꾼다. 그건 성과표에는 없는 기록이지만, 몰입의 흔적이고, 감각이 흐른 자리에서만 쓸 수 있는 일기다.

의미는 감각 위에 쌓인다. 감각 없는 실천은 아무리 정확해도 오래 가지 못한다. 반대로 감각이 살아 있는 행동은 작아 보여도 오래 기억된다. 그리고 그 기억이 쌓일 때 우리는 비로소 말할 수 있다.

"이건 그냥 일이 아니라, 살아 있는 실천이었다고."

불편, 그것도 하나의 방향 감각이다

불편한 순간은 누구에게나 있다. 회의가 길어질 때, 내 말이 끊겼을 때, 같은 말을 반복해야 할 때, 혹은 누군가의 말투 하나에, 나는 설명할 수 없는 이물감을 느낀다.

그럴 땐 보통 이렇게 말한다.

"그냥 좀 불편했어."

그리고는 얼른 넘기거나, "내가 예민한가?" 하며 스스로를 눌러버린다.

하지만 나는 이제 안다. 그 순간이야말로, 몰입의 방향을 다시 묻는 기회라는 것을. 불편함은 실패가 아니다. 그건 신호다. 내 감각이 뭔가에 반응하고 있다는 증거고, 그 반응이 나에게 무언가를 말하고 있다는 암시다.

불편함을 피하면 그 신호는 사라지지 않는다. 오히려 쌓이고, 흐려지고, 결국 무감각으로 바뀐다. 그리고 그 무감각이 쌓이면 나는 나도 모르게 '살아 있는 실천'에서 멀어지게 된다.

하루 중 유독 피곤했던 순간을 떠올려보자. 그건 단지 일이 많아서가 아니라, 불편함을 억누르며 버텼던 시간일지도 모른다.

"이건 내 일이 아닌 것 같다."
"왜 자꾸 이 방향으로만 가는 걸까?"
"말하지 않았지만, 내 안에서는 거부감이 계속 자라나고 있다."

이런 감정은 '불편함'이라는 이름으로 위장되어 있다. 하지만 그 속에는 당신이 지키고 싶은 가치, 흐트러진 리듬, 말하지 못한 감정이 숨어 있다. 나는 요즘 하루의 끝에 이 질문을 적는다.

"오늘 가장 불편했던 순간은 언제였는가?"

그리고 그 옆에 솔직하게 써본다.

"회의 때 팀장의 말투가 날카롭게 느껴졌고,
그 말 뒤로 나는 입을 닫았다.
다시 말해도 괜찮았을까?
아니, 그때는 말하지 않는 게 나에게 필요했을 수도 있다."

그렇게 적고 나면, 불편했던 장면이 조금은 정리된다. 그리고 다음엔 어떻게 반응할지를 조금 더 주도적으로 선택할 수 있게 된다. 불편함을 감지하는 사람은 자신의 일에 '감각'을 가진 사람이다. 그 감각은 방향을 조정하고, 몰입의 균형을 회복시키는 조율 장치가 된다.

불편함을 인정하면 거기서 회복이 시작된다. 불편함을 기록하면 거기서 전략이 자란다. 그리고 불편함을 말할 수 있으면 거기서 관계가 다시 연결된다.

우리는 종종, 불편함을 문제로 생각한다. 하지만 때로는 불편함이야말로 나를 가장 먼저 일깨우는 감정이다. 그걸 외면하지 말자. 그 감정을 붙잡고 말로 옮기는 순간, 그건 더 이상 불편이 아니라, 몰입으로 가는 문이 된다.

3
하루를 여는 한 줄 질문이 몰입을 만든다

오늘 나에게 살아 있는 일은 무엇인가?

 눈을 뜨고, 시계를 보고, 정신없이 침대에서 일어나는 아침. 세수를 하고, 커피를 내리고, 스마트폰 알림을 확인하는 사이 머릿속에는 이미 '해야 할 일'이 줄지어 떠오른다.
 메일 확인, 회의 준비, 팀원 피드백, 점심 약속…
 이날의 일정은 빠르게 가동되는데, 정작 나는 아직 그 안에 들어오지 못한 느낌이 들 때가 있다. 일정은 있는데, 의미는 아직 없다. 그래서 나는 요즘, 아침에 하나의 질문을 먼저 꺼낸다. 일정을 열기 전에, 계획을 세우기 전에, 그 질문부터 내 안에 던진다.

 "오늘 나에게 살아 있는 일은 무엇인가?"

그 질문은 단지 '중요한 일'이나 '급한 일'을 묻는 게 아니다. 그건 내 감정과 감각이 반응할 수 있는 살아 있는 실천의 가능성을 여는 말이다.

어떤 날은 이렇게 떠오른다.

"오늘은 그 팀원과 솔직한 대화를 나누는 게 나에게 가장 살아 있는 일이다."

또 어떤 날은

"회의 자료를 다시 손보는 게 아니라, 처음 마음을 꺼내보는 게 더 중요하다."

아니면 아주 작게,

"나를 위한 점심시간 30분이 오늘 하루를 지켜줄 것 같다."

이 질문은 언제나 가장 인간적인 루틴을 먼저 꺼내준다. 효율보다 연결, 결과보다 흐름, 일정보다 감각. 그게 하루의 몰입을 바꾸는 진짜 시작이다.

우리는 흔히 말한다.

"오늘 할 일이 너무 많다."

하지만 정작 묻지 않는다.

"그중에서 나는 오늘 무엇을 '살고 싶은가'?"

모든 일이 살아 있을 필요는 없다. 하지만 단 하나라도 감각이 반응하는 실천이 있다면, 그 하루는 다르게 흐른다. 그건 일의 양이 아니라 일의 깊이를 결정하는 차이이다.

나는 가끔 그 질문을 노트에 적어놓고, 하루가 끝나고 다시 들여다본다. 아침에 적었던 그 한 줄, 그 안에 내가 오늘 진짜로 연결되었던 순간이 있었다면 그날은 성공한 하루다. 그건 꼭 성과로 남지 않아도 괜찮다. 상대의 표정이 변한 장면, 내가 말끝을 조심했던 순간, 혼잣말처럼 중얼거렸던 내면의 다짐. 그런 장면이 남아 있다면 나는 그날 '살아 있었다.'

아침에 던지는 질문 하나는 하루 전체의 방향을 바꾼다. 그 질문은 나를 중심에 두고 다시 일과 연결시킨다. 속도보다 감각, 처리보다 존재. 그 중심이 하루를 견디게 하고, 하루를 살게 한다. 그러니 내일 아침, 일정보다 먼저, 이 한 줄 질문부터 적어보자.

"오늘, 나에게 살아 있는 일은 무엇인가?"

'할 일 리스트'보다 '살아 있는 질문 리스트'를 써보자

매일 아침 우리는 습관처럼 할 일 목록을 적는다. 메일 확인, 보고서 작성, 회의 참석, 점심 약속, 피드백 회신… 그 리스트는 빽빽하고, 빼곡하고, 중요해 보인다. 하지만 그 중에서 진짜로 기억에 남는 일이 몇 개나 있었을까?

하루가 끝난 뒤 다시 그 목록을 들여다보면 줄을 긋고 체크는 했지만 정작 내가 살아 있었던 순간은 그 어디에도 없다. 기계처럼 움직였고, 루틴처럼 처리했으며, 감정 없이 하루가 지나갔다.

'일'은 했지만, '살았다'고 말하기엔 망설여지는 하루.
그럴 땐 이렇게 반문해본다.

"나는 오늘 할 일은 있었지만, 살아 있는 질문은 있었는가?"

일정이 아닌 질문. 실천이 아닌 감각. 리스트가 아닌 흐름. 그래서 나는 최근 할 일 체크리스트 옆에 '살아 있는 질문 리스트'를 따로 적기 시작했다. 아주 짧고, 단순하지만, 나의 하루를 완전히 다르게 움직이게 만든 질문들이다.

- 오늘 나는 어떤 감정을 지켜내고 싶은가?
- 오늘 나를 움직이게 할 '하나의 대화'는 무엇인가?
- 오늘 마치고 나서, "이건 내가 했다"고 말하고 싶은 장면은 어떤 모습인가?
- 오늘 놓치고 싶지 않은 감각 하나는 무엇인가?

이 질문들은 계획을 방해하지 않는다. 오히려 계획을 '존재와 연결'된 루틴으로 바꿔준다. 단순한 일정이 아니라 의미가 깃든 시간으로 바꿔주는 전환점이 된다.

사실 일정표는 내가 살아 있다는 증거가 될 수 없다. 정해진 일들을 다 하고도 내 안이 텅 비는 이유는 내 감각과 마음이 움직인 일이 없었기 때문이다. 일은 끝났지만, 나는 빠져 있었던 날. 우리는 그걸 자주 반복한다.

그러니 일정표 옆에 질문을 적어보자. 그건 내 안의 '감정 안내 시스템'이고, '몰입의 리모컨'이며, '존재의 나침반'이다. 이제 나는 할 일보다 살아 있는 질문 하나를 먼저 꺼낸다.

그 질문 하나가, 그날 가장 중요한 실천을 바꾼다. 그건 절대 정해진 계획으로부터 나오지 않는다. 그건 오직 나의 감각이 깨어 있을 때만 등장하는 방향이다.

"오늘 나를 움직이게 할 질문은 무엇인가?"
"오늘 나는 무엇을 느끼며 살고 싶은가?"
"무엇을 할지보다, 어떤 감정으로 그 일을 하고 싶은가?"

이 질문들이 쌓일수록 나는 더 이상 '일정대로 사는 사람'이 아니라 '질문으로 존재를 설계하는 사람'이 된다.

할 일은 하루를 정리해주지만 질문은 하루를 살게 해준다. 질문은 목록이 아니라 방향이다. 질문은 단지 생각이 아니라 몰입의 문을 여는 언어다.

그러니 오늘, 리스트를 쓰기 전에 질문 하나를 먼저 꺼내자. 그 질문이 살아 있는 루틴을 시작하게 할 것이다.

몰입은 '일 처리'가 아니라 '삶의 방향'에서 시작된다

우리는 매일 무언가를 해야 한다. 해야 할 일은 끝도 없고, 대부분은 우리가 선택하지 않은 과제로 채워져 있다. 그래서일까. 일을 하고 있음에도 살고 있다는 느낌이 들지 않을 때가 많다.

　루틴은 있는데, 흐름은 없다. 성과는 남았는데, 나는 없다. 이 일을 왜 하고 있는지, 나는 어디쯤 있는지 문득 멈춰 서게 되는 순간이 있다. 그럴 때 나는 질문을 바꿔본다.

　"오늘 무엇을 해야 하지?"에서
　"오늘 나는 어떤 실천을 살고 싶은가?"

　이건 단순한 말장난이 아니다. '해야 할 일'은 외부의 요구지만, '살고 싶은 실천'은 내 안에서 시작되는 선택이다. 몰입은 그 선택에서 시작된다.

　회의 준비가 필요할 때 그걸 단순히 "자료 정리"로 접근하면 그건 할 일이다. 하지만 "이 회의에서 나는 어떤 변화를 만들고 싶은가?"라고 묻는 순간 그건 실천이 된다. 그리고 실천에는 내 감정, 내 감각, 내 존재가 들어간다.

　그때부터 일은 더 이상 외부로부터 주어진 것이 아니라 내가 '살아 있는 방식'으로 다시 디자인된 루틴이 된다. 몰입이란 그렇게 생겨난다. 시간이 많아서가 아니다. 컨디션이 좋아서도 아니다. 몰입은 살고 싶은 방향을 발견했을 때 시작된다.

　아무리 작은 일이어도 거기에 내가 깃들면 그건 몰입할 수 있는 일이 된다. 반대로 아무리 중요하고 크고 정교한 일도 내 감각이 흐르지 않는다면 그건 결국, '남의 일처럼 처리하는 반복'이 될 뿐이다.

　나는 요즘 하루를 시작할 때 이렇게 적는다.

"오늘 내가 살고 싶은 실천은 무엇인가?"

  그건 거창한 프로젝트가 아닐 수도 있다. 말을 아끼는 것, 한 문장을 더 다듬는 것, 팀원에게 따뜻하게 한마디 더 건네는 것. 이 작은 실천들이 나의 하루를 '처리'가 아닌 '존재'로 바꾼다.
  몰입은 감정에서 시작되어 감각을 타고 흐르며 의미를 통과하고 실천으로 이어지는 길이다. 그 길은 '해야 할 일'의 지도 위엔 없다. 그건 오직 '어떻게 살 것인인가'의 질문에서 발견된다.
  오늘 당신의 루틴 속에서 단 하나의 실천이라도 살고 싶은 방식으로 설계해보자. 그 순간, 일은 다시 살아 있는 감각으로 연결될 것이다.

5장

GPT와 함께, 나는 어떤 HR을 만들고 있는가?

기술과 사람 사이, 인사담당자의 정체성을 다시 묻다

남경우

1
나는 왜 이 일을 하고 있는가?
인사, 그 정의를 다시 묻는다

인사 업무를 시작하며 품었던 질문

나는 다양한 직무를 경험하며 사회생활을 시작했다. 그중 하나는 SBS 인턴기자였다. 짧은 시간이었지만, 매주 새로운 주제를 정해 취재하던 그 시간은 나에게 세상과 사람을 보는 새로운 시각을 열어주었다. 무엇보다도, 나의 관심이 '사람'과 '사회'에 집중되어 있다는 사실을 깊이 자각하게 되었다.

그 경험 이후, 하나의 습관이 생겼다. 무엇이 본질일까, 이 사람은 왜 이런 선택을 했을까, 어떤 삶을 살아왔을까. 사람을 보는 눈이 깊어지면서, 자연스럽게 나는 질문을 품게 되었다.

"이 사람은 어떤 생각을 가지고 있으며, 어떤 삶을 살아왔을까?"
"이 사람이 더 나은 사회에서 살아가기 위해 필요한 건 무엇일까?"

그 질문은 하나의 확신으로 이어졌다. "나는 사람을 이해하고 연결하는 일을 업으로 삼고 싶다." 그 고민 끝에 선택한 것이 '인사'였다. 기업의 성장과 구성원의 성장이 함께 이뤄지는 곳. 그 안에서 나의 일 또한 분명한 의미를 가질 수 있을 것이라 믿었다.

여러 조직에서 근무하며 나는 인사에 대한 인식이 조직마다 다르다는 것을 실감했다. 어떤 기업은 인사를 전략의 중심에 놓지만, 또 어떤 조직은 단순한 지원 기능으로만 여긴다.

그 자체를 옳고 그르다고 단정할 수는 없다. 하지만 나는 믿는다. 구성원을 '도구'가 아닌 '동반자'로 바라보는 시선이야말로, 인사의 핵심이라고. 단순한 지원 업무라도, 구성원에게 진심으로 다가가면 동기부여로 이어지고, 결국 조직의 성과로 돌아온다. 다만, 이러한 과정은 단순히 인사담당자의 노력만으로는 완성되지 않는다.

그 바탕에는 세 가지 요소가 있다. '회사의 철학', '경영진의 생각', '구성원의 니즈'. 이 세 요소의 교집합 위에서 인사제도는 설계되고 운영된다.

결국 인사는 '교량'이다. 경영진의 방향을 구성원에게 제대로 전달하고, 구성원의 목소리를 경영진에게 효과적으로 전달하는 일. 그 사이를 오가며 제도를 설계하고, 조직을 조율하는 일이 바로 인사담당자의 역할이다. 그렇게 나는 조직과 구성원이 함께 성장하고 변화하는 순간들을 목격해왔다. 그럴 때마다, 새삼 실감하게 된다.

"아, 그래서 인사가 만사구나."

인사에 대한 회의와 전환점

인사 업무를 시작한 초창기, 나는 구성원들과 보다 친밀한 관계를 맺고 싶었다. 그들의 이야기를 듣고, 입장을 진심으로 이해하는 '사람 중심'의 인사를 실현하고 싶었기 때문이다.

대학생 시절, 다양한 대외활동과 인턴 경험을 하며 '인사담당자'라는 존재에 대해 막연한 거리감을 느꼈다. 그래서 그 거리감을 좁혀보고 싶었다. 하지만 현실은 녹록지 않았다.

구성원들은 인사담당자와 일정한 거리를 유지했다. 입사 초기에는 반가운 감정이 있었지만, 시간이 흐르고 현업에 적응할수록 점점 더 거리감이 느껴졌다. 나는 그 거리를 허물고 싶었지만, 반복되는 회의감과 무력감에 빠지기도 했다.

인사는 구성원의 고충과 불만을 듣고, 동시에 회사의 방향을 전달하는 가교 역할을 수행하는 직무이다. 이 사실을 잘 알고 있었지만, 때로는 구성원들의 부정적 피드백이 너무 무겁게 다가왔다. 혼란스럽기도 했다.

한 번은 구성원 간의 갈등을 조율하기 위해 노력했지만, 어느 한쪽의 신뢰조차 얻지 못한 일이 있었다. 그때 깨달았다. '인사는 결국 회사의 입장을 대변하는 부서'라는 편견이 구성원들 사이에 깊이 자리 잡고 있음을. 그 편견은 가까워지려는 시도마저 오히려 거리를 벌리는 결과로 이어졌다.

그러나 나는 포기하지 않았다. 오히려 그 거리감을 인정하고, 간극을 줄이기 위한 소통 방식을 새롭게 고민했다. 그리고 구성원 개개인의 다양한 목소리를 '듣는 일'에 더욱 집중했다.

"우리는 왜 이런 방향을 고민하는가?"
"왜 이 방향으로 가야 하는가?"

서로의 솔직한 이야기를 공유하기 위해 노력했고, 함께 동호회 활동을 하거나 생일 파티와 같은 일상적인 모임도 꾸준히 함께해 나갔다. 그런 시간이 쌓이며 조금씩 신뢰가 생겼고, '가교 역할'을 수행하는 인사담당자로서 나의 자리도 자리 잡아갔다.

이 경험은 나에게 중요한 교훈을 주었다.

진심은 결국 통한다. 그러나 그 진심을 전하는 방식과 타이밍, 그리고 상대의 마음 상태를 함께 읽는 감각이 있어야 한다. 구성원과의 신뢰 관계가 없다면, 진정한 인사 혁신도 불가능하다는 사실을 뼈저리게 깨달았다.

인사는 '사람'을 지켜보는 일, 그리고 균형 잡힌 시선

앞서 언급했듯, 인사담당자는 경영진과 구성원 사이를 연결하는 가교 역할을 수행한다. 이 역할을 잘 해내기 위해서는 감정과 이성, 현실과 이상 사이에서 균형을 유지하는 시선이 필요하다.

과거 나는 구성원의 부정적인 피드백에 지나치게 몰입하곤 했다. 하지만 시간이 흐르면서 긍정적인 반응에도 귀를 기울여야 한다는 사실을 배웠다. 모든 구성원을 만족시키는 제도는 현실적으로 불가능하다. 그렇기에 다양한 입장을 균형 있게 반영하려는 노력이 중요하다는 점을 절실히 깨달았다.

회사의 방향성과 구성원의 기대가 충돌할 때, 인사담당자는 어느 한편에 서기보다는 중립적인 시선에서 조율해야 한다. 그 과정에서 요구되는 것은 바로 인사담당자의 소통력과 판단력이다. 이를 가능하게 하는 가장 중요한 수단 중 하나가 데이터 기반의 인사이다. 데이터는 상황을 객관적으로 이해하고, 조직 전체를 균형 있게 바라보는 데 유용한 도구가 된다.

최근 HR 시스템은 더욱 고도화되고 있다. 특히 'MPF Monitoring, Predicting, Feedback' 개념이 주목받고 있다. 조직의 방향이 설정되면, 각 구성원의 업무 상태와 조직 분위기를 실시간으로 모니터링하고, 이상 징후를 예측하며, 신속하게 피드백을 주고받는 체계가 바로 그것이다.

인사팀은 경영관리 부서와의 협력을 통해 이러한 데이터를 기반으로 인재관리 전략을 수립한다. 이 과정에서는 고성과자 모델링, 인재 육성, 우수 인재 채용 등이 보다 체계적으로 이루어진다.

물론 모든 것을 데이터로 측정할 수는 없다. 감정, 관계, 조직문화처럼 정성적 요소는 여전히 중요하다. 하지만 정성적 판단만으로는 놓치기 쉬운 현상을 데이터는 조기에 감지하고, 인사는 그 신호를 해석해 조직을 보다 선제적으로 대응하게 만든다. 이처럼 데이터 기반의 인사 접근법은 HR의 핵심 역량이 되어가고 있다.

AI와 함께 그리는 HR의 미래

생성형 AI, 특히 GPT는 HR 업무 전반에서 점점 더 핵심적인 역할을 수행하고 있다. GPT는 방대한 정보를 빠르게 정리하고 분석함으로써, 인사담당자가 보다 객관적이고 근거 있는 제도를 설계하도록 돕는다.

예를 들어, GPT는 직원 설문 데이터를 분석해 조직의 정서 변화와 문화 흐름을 감지하거나, 인재 추천, 면접 질문 설계, 맞춤형 교육 콘텐츠 개발 등 다양한 영역에서 활용되고 있다. 또한 반복적이고 시간이 소요되는 업무를 자동화함으로써, 인사담당자가 전략 기획과 구성원과의 소통에 더 많은 에너지를 쏟을 수 있게 만든다.

특히 신입사원 온보딩 과정에서 GPT 기반 챗봇은 큰 효과를 발휘하고 있다. 24시간 FAQ 응대가 가능해 신입사원이 기본적인 제도나 사내 문화를 손쉽게 익히고, 자주 묻는 질문에 즉시 답을 받을 수 있다. 이는 단순한 업무 편의성을 넘어서, 구성원의 경험을 개선하고 조직에 대한 신뢰와 친밀감을 높이는 데 기여한다.

실제로 본인이 근무 중인 한글과컴퓨터에서도, 수십 년간 축적된 사내 인트라넷 데이터를 GPT 기반 FAQ 챗봇으로 전환하여, 신규 입사자는 물론 기존 구성원들까지 보다 손쉽게 필요한 정보를 찾을 수 있게 되었다. 구성원들로부터 매우 유용하다는 피드백이 이어지고 있다.

현대자동차는 AI 챗봇을 활용한 신입사원 온보딩 프로그램을 통해 24시간 문의 응대 시스템을 구축하였으며, 신입사원 응답 대기 시간을 70% 단축시키는 효과를 얻었다고 한다.

해외 사례에서도 이러한 흐름은 더욱 뚜렷하다. 마이크로소프트는 자사의 AI 플랫폼을 기반으로 GPT 챗봇을 구축하여, 신입사원뿐 아니라 전 직원의 HR 관련 질문에 실시간 응답하고, 복리후생, 교육 프로그램 안내까지 지원하고 있다. 그 결과 직원 만족도가 크게 향상되었다.

금융 기업인 JP모건 체이스 또한 GPT 기반 AI 챗봇을 도입해 신입 직원의 온보딩과 교육 과정을 자동화하였다. 해당 챗봇은 업무 절차, 팀 소개, 규정 안내 등 다양한 정보를 전달하며, 적응 기간을 단축시키는 데 기여하고 있다. 그 결과 HR담당자는 더 많은 시간을 개인 맞춤형 교육 설계와 조직 전략 수립에 투자할 수 있게 되었다.

이처럼 GPT 기반 AI는 단순한 업무 자동화를 넘어 '24시간 지원자' 역할을 수행하며, HR 업무의 효율성과 구성원의 만족도를 동시에 끌어올리고 있다.

앞으로도 GPT와 생성형 AI를 효과적으로 활용하는 기업이 HR 영역의 혁신을 주도하고, 조직 경쟁력 확보에 앞서게 될 것이다.

GPT는 가장 이성적인 도구인가?

GPT와 같은 생성형 AI는 매우 이성적이고, 객관적인 판단을 돕는 도구임은 분명하다. 특히 HR 업무에서는 방대한 데이터를 빠르게 분석하고, 복잡한 의사결정을 뒷받침하는 기능으로 기대를 모으고 있다. 하지만 실제 현장에서는 많은 인사담당자들이 여전히 도입과 활용에 어려움을 겪고 있다.

2024년 글로벌 인사관리 조사에 따르면, HR 담당자의 약 62%는 AI 도입이 업무 효율성과 의사결정에 긍정적 영향을 줄 것이라 기대했지만, 실제로 AI를 정기적으로 활용하고 있는 비율은 35%에 그쳤다. 가장 큰 걸림돌로는 사용의 어려움, 사내 교육 부족, 그리고 개인정보 보호 이슈가 꼽혔다.

국내도 크게 다르지 않다. 2023년 한국인사조직학회 연구 결과에 따르면, 국내 HR담당자의 40%만이 AI 활용이 기업 경쟁력 강화에 "매우 중요하다"고 응답했다. 특히 중소기업의 경우, AI 도입에 대한 부담과 불확실성은 더 크게 작용하고 있다. 이러한 현실은 기술에 대한 기대와 현장의 간극을 여실히 보여준다.

하지만 AI와 GPT를 적절히 활용하여 눈에 띄는 성과를 이룬 기업들도 분명 존재한다. 예를 들어, 미국의 글로벌 IT 기업 IBM은 GPT 기반 AI 도구를 활용해 인재 데이터 분석과 채용 자동화를 구현하였다. 수천 건의 이력서와 면접 데이터를 GPT로 빠르게 분석하여 후보자-직무 간 적합도를 예측했고, 그 결과 채용 품질이 향상되었다. 또한 24시간 대응 가능한 GPT 챗봇을 통해 지원자 문의에 실시간 응대함으로써, 지원자 경험 역시 크게 개선되었다.

유럽의 대형 금융기업 ING는 GPT를 활용해 직원 역량 진단과 맞춤형 교육 콘텐츠 설계에 성공하였다. 직원 개개인의 데이터 기반 역량을 진단한 후, GPT가 각자에게 필요한 교육 프로그램을 추천했고, 그 결과 만족도와 역량 강화 모두 긍정적인 반응을 이끌어냈다. 이러한 과정 속에서 HR 부서는 더 전략적인 인재 육성에 집중할 수 있었다.

국내 사례로는 SK텔레콤이 주목할 만하다. GPT 기반 AI를 활용해 내부 커뮤니케이션 데이터를 분석하고, 조직문화 개선 프로젝트를 진행 중이다. 직원 설문 및 사내 소통 데이터를 GPT가 실시간 분석하여 조직 내 감정 변화를 파악하고, 그에 따른 신속한 대응을 가능케 했다. 이러한 시도는 실제로 직원 이탈률을 낮추고 조직 만족도를 높이는 성과로 이어지고 있다.

이들 성공 사례의 공통점은 단순히 기술을 '도입'한 것이 아니라, HR 담당자가 GPT를 실제로 '활용'할 수 있도록 교육하고, 실험하며, 조직문화 자체를 바꾸는 노력까지 함께 했다는 점이다.

기술은 이성적인 도구다. 하지만 그것을 인간의 업무에 자연스럽게 녹여내는 것은 사람의 몫이다. GPT가 아무리 정밀한 분석과 판단을 내놓더라도, 그 결과를 어떻게 해석하고 실천에 옮길 것인지는 결국 인사담당자의 역량에 달려 있다.

따라서 HR 담당자가 GPT와 같은 AI를 제대로 활용하려면, 단순한 시스템 도입을 넘어 지속적인 학습, 실습 중심의 경험, 그리고 조직 차원의 지원 체계 구축이 반드시 필요하다. 기술은 도구이고, 사람은 목적이다. 그리고 그 둘의 조화를 설계하는 일, 바로 그것이 지금 HR의 '진짜일'이다.

2
GPT가 하는 일, 그리고 내가 해야 할 일

기록은 GPT에게, 통찰은 사람에게

우리는 이미 AI와 공존하는 시대에 살고 있다. 'AI 시대, 인사담당자의 역할과 변화'라는 주제로 세미나와 강의가 빠르게 확산되고 있으며, 많은 HR 담당자들이 새로운 기술 도입에 관심을 보이고 있다. 그러나 비전공자 입장에서는 AI 기술에 대한 기초 지식이 부족해 실제 업무에 적용하기가 쉽지 않은 것이 현실이다. 나 또한 초기에 같은 어려움을 겪었다.

대부분의 교육 프로그램은 'AI 기반 데이터 분석'에 초점을 맞추고 있다. 하지만 데이터를 **어떻게 가공하고**, **어떻게 해석할 것인가**에 대한 실무 중심의 고민은 여전히 과제로 남아 있다. GPT가 등장하면서 'HR GPT'와 같은 솔루션이 속속 출시되었지만, 조직 고유의 환경과 데이터에 맞춤형 학습이 이뤄지지 않으면 실효성이 떨어질 수밖에 없다. 이는 곧 기술 도입에 따른 비용과 시간, 전문성의 부담으로 연결되고, AI를 실질적으로 활용하는 기업은 제한적일 수밖에 없다.

결국 AI 도구를 얼마나 잘 다루느냐는 현장의 인사담당자 역량에 달려 있다. 실제 현장에서는 GPT를 주로 **기록**, **요약**, **정리** 보조 도구로 활용하고 있으며, 이를 바탕으로 **조직 맞춤형 데이터 분석**에 연결하는 사례도 늘고 있다.

나 역시 그러하다. 이 과정에서 가장 중요한 것은 '기록'이다. 기록은 AI 학습의 출발점이자 본질이다. 어떤 정보를 어떻게 기록하느냐에 따라, AI가 제공하는 분석과 결과는 완전히 달라질 수 있다. 동일한 데이터를 가지고도 기록 방식에 따라 상반된 결론이 도출될 수 있다는 사실을 HR 담당자는 명확히 인식해야 한다.

AI는 우리의 기록을 바탕으로 학습하고, 그 학습을 통해 인사이트를 제공한다. 그리고 그 정보를 바탕으로 우리는 보다 **정보 중심적인 의사결정**을 내릴 수 있다. 나는 현장에서 GPT를 활용해온 경험과 주변 동료들의 사례를 통해, AI와 함께 일하는 미래에 대한 고민을 나누고자 한다. 아직 정답은 없지만, 분명한 것은 이제 인사담당자들도 **AI와 협력해 더 나은 성과를 창출해야 한다**는 현실 앞에 서 있다는 점이다.

"과연 AI는 우리의 일자리를 대체하는 위협일까?
아니면 함께 협력하며 조직의 가치를 높이는 파트너일까?"
이 질문에 대한 해답은 결국 현장의 인사담당자에게 달려 있다.

GPT는 인사담당자의 든든한 부사수

AI는 강력한 정보 처리 도구로서 인사담당자의 업무 효율을 높여준다. 그렇다면 GPT가 인사담당자의 역할을 완전히 대체할 수 있을까? 그에 대한 답은 명확하다. 일부는 가능하지만, 전체 대체는 불가능하다.

규정과 제도가 명확하게 정리된 업무, 예를 들어 법률 준수나 표준화된 프로세스에 따른 문제 해결은 GPT가 상당 부분 대신할 수 있다. 하지만 기업마다 다른 조직문화, 개별 구성원의 감정과 상황, 그리고 복잡한 이해관계가 얽힌 현실에서는 인간만의 섬세한 판단과 통찰이 반드시 필요하다.

상황을 다각도로 해석하고, 다양한 관점을 종합해 최적의 결정을 내리는 일은 인간만이 수행할 수 있는 고유의 영역이다. AI는 뛰어난 계산 능력과 데이터 분석으로 '손과 발' 역할을 충실히 할 수 있지만, '머리'가 되어 상황의 본질을 파악하고 통합적 판단을 내리기에는 한계가 있다. 즉, GPT는 훌륭한 부사수 역할을 할 수 있으나, 전면적인 책임을 지는 사수의 자리에 서기에는 부족하다.

인사담당자는 조직 내 제도 안에서 구성원들이 최상의 성과를 낼 수 있도록 지원하며, 조직에 대한 신뢰를 기반으로 구성원들의 열정을 자극한다. 이 열정은 새로운 전략을 구상하고 실행하는 씨앗이 되며, 인사담당자의 역할과 역량에 따라 조직의 성장 방향이 달라진다.

정서적인 부분을 컨트롤하고, 조직의 상황을 넓은 시야로 바라보며, 현장을 읽어내는 능력은 인사담당자의 고유 영역이다. 사수로서의 역량은 조직을 보는 눈의 넓이와 깊이, 그리고 판단력의 균형에서 비롯된다.

사수가 어떤 시선으로 업무를 바라보고 정보를 해석하느냐에 따라, AI 부사수가 제공하는 인사이트의 질도 결정된다.

GPT가 제공한 정보가 틀렸을 경우, 그 정보에 기반한 결정은 결국 사람의 책임이다. "이 정보를 어디서 받았느냐"는 질문에 "AI가 알려줬다"고만 답할 수는 없다. 인사담당자는 모든 업무의 최종 책임을 지는 사수임을 잊지 말아야 한다.

최근 AI가 일상에 깊숙이 들어오면서 "AI가 모든 업무를 대신할 수 있지 않나요?"라는 질문을 자주 받는다. 하지만 AI 활용 초기에는 자동화에 의존하다가도, 어느 순간 "왜 내가 결국 모든 일을 다시 하고 있지?" 라는 자각이 찾아온다. 예를 들어, 채용 과정에서 GPT가 작성해 주는 자기소개서가 회자되고 있다. 기업 맞춤형 합격 자소서를 만들어준다고는 하지만, 채용담당자가 수천 건의 서류를 검토하다 보면 AI가 작성한 글인지, 사람이 쓴 글인지 단번에 알 수 있다.

단순히 키워드만 바꾼 문장인지, 진정성을 담은 글인지 그 뉘앙스는 분명히 다르다. GPT가 작성한 자기소개서는 대개 잘 정리되어 있지만 어딘가 어색하고, 첨삭된 느낌이 강하다. 오히려 글쓰기 컨설턴트보다 기계적으로 정돈된 인상을 준다.

실제로 이런 자기소개서로 서류전형은 통과할 수 있어도, 면접에선 떨어지는 경우가 많다. 글과 실제 말투, 태도, 인상이 일치하지 않기 때문이다. 글은 개인의 사고를 반영하지만, 진정성은 대면에서 드러난다. '글과 말이 다른 지원자'는 면접을 통과하기 어렵다. 이건 채용담당자들이 오랜 경험을 통해 체감하는 현실이다.

GPT는 인사담당자의 든든한 부사수다. 하지만 그가 제공한 결과를 최종적으로 판단하고 책임지는 사수는 우리다. AI는 도구이며, 어떻게 활용하느냐는 사람의 몫이다.

AI 면접관이 공정할 수 있을까?

코로나19 팬데믹 기간, 비대면 면접이 일상화되면서 이런 질문은 더 이상 낯설지 않게 되었다.

"차라리 AI 면접관이 더 공정하지 않을까?"

취업준비생과 기업 실무자 사이에서 자주 오가는 말이다. AI 면접은 스펙이나 외양이 아닌, 지원자의 진정성·역량·잠재력 등 본질적인 요소를 판단할 수 있다는 기대를 모았다. 기업 입장에서도 면접에 들어가는 시간과 비용을 줄일 수 있어 긍정적인 반응을 보였다. 하지만 현실은 단순하지 않다. 최근 연구와 사례들은 AI 면접 시스템이 가진 보이지 않는 편향을 지적하고 있다.

2023년, MIT와 스탠퍼드대 공동 연구는 AI 면접이 특정 성별, 인종, 연령에 편향된 판단을 내릴 가능성이 높다고 발표했다. 그 이유는 AI가 학습하는 데이터 자체가 현실 사회의 불균형을 그대로 반영하기 때문이다. 알고리즘 설계에 포함된 무의식적 편견 역시 문제로 지적됐다.

영국 금융감독청FCA 역시 2024년 보고서에서 AI 면접의 투명성 부족을 경고했다. AI가 어떤 기준으로 평가하는지 지원자 입장에서는 알기 어렵고, 이는 곧 면접 결과에 대한 신뢰도 저하로 이어질 수 있다는 우려였다.

또 하나의 중요한 쟁점은 비언어적 표현의 오해다. 표정, 말투, 자세 등은 문화적 배경이나 긴장도에 따라 달라질 수 있지만, AI는 이를 맥락 없이 해석해 오판할 가능성이 크다. 실제로 일부 대기업에서는 AI 면접 도입 이후, 문화적 차이 혹은 긴장으로 인한 표현 방식 때문에 지원자가 부당하게 탈락한 사례가 보고되었다.

그래서일까. 국내 대기업들은 AI 면접을 전면적으로 도입하기보다, AI의 객관적 평가와 인간 면접관의 직관을 결합한 '하이브리드 면접' 방식을 선호한다. AI가 지원자의 기본 역량과 데이터를 사전 분석하고, 최종 판단은 인간 면접관이 맡는 구조다. AI는 수치와 분석을 제공하고, 사람은 맥락과 감정을 파악하는 역할. 데이터 기반 예측과 인간의 감성적 판단이 만나는 지점, 그곳이 진짜 '사람을 뽑는 자리'가 된다.

AI 면접이 면접의 공정성을 획기적으로 높일 것이라는 기대와는 달리, '사람의 역할'은 여전히 결정적이다. GPT나 AI가 면접 질문을 만들고, 답변을 요약·분석하는 데 활용되는 건 효과적이다. 기업별 맞춤 질문을 설계하거나, 지원자 유형에 따른 질문 뱅크를 구성하는 데 큰 도움이 된다. 하지만 사람의 진정성을 파악하는 일, 미묘한 긴장과 망설임 속에서 의미를 읽어내는 일, 그건 여전히 사람의 몫이다.

AI는 분명 강력한 도구다. 그러나 면접의 본질은 여전히 인간에게 있다. 질문을 던지고, 눈빛을 마주하고, 그 속에서 가능성을 읽어내는 것. 이 섬세한 일은 기계가 따라 할 수 없는 영역이다.

AI 면접은 도구로 받아들여야 한다. 면접의 객관성과 효율을 높이는 '보조 수단'으로. 결국 사람을 이해하고 판단하는 일은, 사람만이 할 수 있는 일이다.

AI는 도구일 뿐, 당신은 무엇을 선택할 것인가?

우리는 무엇을 해야할까?

우리는 오랜 시간 AI가 세상을 지배할 것이라는 이야기를 들어왔다. 그런데 지금의 현실은 어떠한가? AI가 우리 삶을 완전히 대체하거나 지배한다고 말하긴 어렵다. 물론 많은 일자리가 사라진 것도 사실이다. 하지만 동시에 AI를 개발·운영·지원하는 고도화된 기술 직무들이 새롭게 생겨나고 있다. 즉, AI가 세상을 지배하는 듯 보이지만, 실제로는 사람이 AI를 만들고, 다듬고, 활용하며 이끄는 시대에 살고 있다.

기술의 진보는 언제나 사람과 사회의 성장을 이끌어왔다. 앞으로도 우리는 AI와 함께 끊임없이 변화하는 시대를 살아갈 것이다. 그렇다면 인사담당자들은 이 변화 속에서 무엇을 해야 할까? 무엇을 가장 중요하게 생각하며 일해야 할까? 나는 다양한 관점에서 '이해'하려는 태도가 그 시작점이라고 생각한다.

첫째, '나'에 대한 이해

모든 것은 자신에 대한 이해에서 출발한다. 나는 어떤 삶을 살아왔고, 왜 그런 선택을 했으며, 앞으로 어디로 나아가야 할 것인지 스스로 묻고 답해야 한다. 또 나는 왜 인사담당자가 되었고, 왜 이 회사에서 일하며, 앞으로 어떤 인사담당자가 되고 싶은가? 이 질문에 명확한 답이 없다면, AI가 제시하는 정보에 무비판적으로 의존하게 된다. 이는 결국 올바른 '사수' 역할을 하기가 어렵다는 뜻이다.

인사담당자는 단순히 규정을 집행하는 자리가 아니다. 경영진, 구성원, 동료 등 다양한 이해관계자와 복잡한 관계를 맺으며, 효율적이고 효과적인 조직 문화를 함께 만들어가는 역할이다. 그만큼 스트레스도 많고, 때로는 갈등을 조정해야 할 때도 있다. 이런 상황에서 자신을 제대로 이해하지 않고 확고한 가치관을 갖추지 않으면 스트레스에 휘둘리고 일의 목적을 잃게 된다.

나 역시 초년생 시절엔 감정에 치우쳐 일을 처리했던 경험이 있다. 당시 리더들이 건넨 피드백을 온전히 이해하지 못했지만, 시간이 흐르며 왜 그런 조언이 필요했는지 비로소 알게 되었다. 그때의 나는 나만 생각했고, 내 감정과 편의를 우선했다. 그러나 인사담당자는 자신만이 아니라, 조직 전체와 다양한 이해관계자를 함께 고려해야 한다. 이 균형을 잃으면 조직의 건강한 발전은 어렵다.

새로운 인력이 조직에 들어올 때마다, 긍정적인 변화가 일어날 수 있도록 돕는 것. 나라는 사람이 올바른 가치관을 갖고 관계를 이해하며, 그 안에서 좋은 영향을 주는 것이 중요하다.

둘째, '사람'에 대한 이해

'나'에 대한 깊은 이해 위에, 구성원에 대한 이해가 쌓여야 한다. 인사담당자는 흔히 '회사 편'이라는 이미지로 인해, 구성원들이 진짜 고민이나 감정을 털어놓기 어려워하는 경우가 많다.

가장 안타까운 순간은, 구성원이 퇴사할 때서야 비로소 진솔한 이야기를 듣게 되는 일이다.

그래서 나는 조직 구성원들과의 벽을 허물기 위해 적극적으로 소통을 시도했다. '인사팀과 구성원'이라는 공식적 관계를 넘어서, '사람 대 사람'으로 만나려 노력했다.

한 명 한 명의 이야기에 진심으로 귀 기울이며, 그들의 상황과 감정을 이해하려 했다. 이런 작은 시도들이 쌓여 보이지 않던 벽이 점차 허물어졌고, 더 깊고 솔직한 대화가 가능해졌다.

그 과정에서 내가 깨달은 것은, 인사담당자는 단순한 제도 집행자나 회사의 편이 아니라는 점이다. 구성원의 마음을 공감하고, 그들과 연결되는 '소통의 다리'가 되어야 한다. 우리가 구성원의 말 속에 담긴 진짜 의미와 감정을 포착하지 못하면, 어떤 제도도 실효를 거두기 어렵다. 그리고 그 이해를 바탕으로 조직의 방향과 인사 제도를 함께 만들어가야 한다.

AI는 아직 수동적이고 형식적인 소통만 가능하기에, 진심 어린 대화와 신뢰를 쌓는 데에는 한계가 있다. 결국 마음을 열고 솔직한 이야기를 나누는 것은 인간만이 할 수 있는 일이다. 그래서 나는 직접 만나고 대화하며, 상대의 입장에서 생각하는 노력을 계속해야 한다고 믿는다.

요즘 MBTI나 DISC 등 성향 진단 도구들이 인기를 끄는 것도, 단순히 업무 중심의 딱딱한 관계에서 벗어나 상대를 이해하고 소통을 원활히 하기 위한 노력의 일환이다. 이때 AI는 '보조 도구'로서 역할을 한다. 내 성향과 상대방의 성향이 무엇인지, 어떤 방식의 소통이 효과적인지를 조언할 수 있다. 하지만 결국 실행은 사람의 몫이며, 소통의 성패도 사람의 역량에 달려 있다. 그리고 AI가 의미 있는 조언을 하기 위해서는 반드시 '정확한 데이터 기록'이 필요하다는 점을 잊지 말아야 한다.

셋째, '회사'에 대한 이해

'나'를 알고, '사람'을 이해하는 이유는 결국 '회사'가 좋은 성과를 내도록 돕기 위함이다. 회사가 없다면, 나와 구성원의 이해는 단순한 개인적 감정에 머무른다. 우리는 조직의 성장을 위해 존재한다.

인사담당자는 업무를 하면서 종종 감정에 휘둘린다. 나 역시 신입 시절, 동료가 퇴사할 때 눈물을 흘린 적이 있다. 1년도 채 안 돼 떠나는 신입사원을 보며, 조직과 리더를 원망하기도 했다. 하지만 시간이 지나고 나서야 비로소 "왜 그가 떠났을까?", "회사는 어떤 영향을 끼쳤을까?"를 냉정하게 돌아볼 수 있었다.

현실은 분명하다. 회사가 꾸준히 성과를 내고, 그 안에 잘 적응한 구성원은 장기 근속하며 좋은 결과를 낸다. 반면, 기대에 미치지 못하는 조직과의 불일치에서 오는 실망감으로 퇴사하는 경우도 있다. 퇴사는 아쉽지만, 자연스러운 흐름이다.

AI는 이런 퇴사 원인을 분석하고 채용 전략을 설계하는 데 도움을 줄 수 있다. 그러나 '100% 정답'을 줄 수는 없다. 누가, 어떤 기준으로 채용할지, 어떻게 온보딩하고, 고성과자의 이탈을 막을 것인지에 대한 판단은 인사담당자의 몫이다.

모든 판단의 중심에는 '회사'가 있어야 한다. 회사의 비전과 방향성을 기반으로 전략을 세우고, 적재적소에 인력을 배치하며, 채용과 육성 전략을 설계하는 것. 이 모든 것이 인사담당자의 핵심 역할이다.

이때부터 AI는 '부사수' 역할을 한다. 사수가 큰 틀을 잡으면, 부사수가 그에 맞춰 정보와 데이터를 보완해 나간다. 올바른 기록이 있어야 AI가 유의미한 정보를 제공할 수 있다. 회사의 성장이라는 대전제를 잊지 않고, 그에 기반한 전략을 설계하는 것. 그것이 바로 우리가 해야 할 일이다.

넷째, '사회와 세상'에 대한 이해

지금 우리가 속한 세상은 어떻게 돌아가고 있을까? 우리 회사와 조직, 인사팀, 그리고 나는 이 변화 속에서 어떻게 일하고 있는가? 꼭 돌아봐야 할 질문이다.

사람들이 계속 퇴사하는 데는 분명한 이유가 있다. 반대로, 많은 사람들이 입사하고 싶어 하는 회사가 있는 데도 그만한 이유가 있다. 요즘은 유망 산업, 연봉과 복지, 근무 유연성 등 여러 요소들이 복합적으로 작용한다. 이러한 흐름을 끊임없이 학습하고, 우리 조직과 비교하며 개선하려는 노력이 필요하다.

우수 인재를 붙잡기 위한 핵심은, 그들의 동기를 끌어올리는 것이다. 이를 위해서는 경쟁 기업의 현황, 산업과 시장의 동향을 철저히 분석해야 한다. 산업 구조, 직무 특성, 근무 환경을 포함한 사회 제도와 환경을 정확히 이해할 수 있어야 한다. 단순히 '일하기 편한' 환경이 아닌, '일하기 좋은' 조직 문화를 만들어야 한다.

이때 유용한 전략 중 하나가 ERRC 전략이다. 이는 제거Eliminate, 축소Reduce, 강화Raise, 창조Create의 네 가지 방향으로 실행 가능한 전략을 수립하도록 돕는다.

- E Eliminate: 우리는 무엇을 과감히 제거해야 할까?
- R Reduce: 지금보다 줄여야 할 요소는 무엇인가?
- R Raise: 잘 작동하고 있지만 더 늘려야 할 것은 무엇인가?
- C Create: 지금 없는 것 중, 새롭게 만들어야 할 것은 무엇인가?

인사담당자는 이 ERRC 전략을 바탕으로 조직과 사람을 꾸준히 성장시켜야 한다. 그리고 전략 수립 이후에는 이를 모니터링하고 자동화하는 시스템을 구축하는 데 AI의 힘을 적극 활용할 수 있다. AI는 대량의 데이터를 효율적으로 분석하고, 다음 전략을 설계하는 데 큰 역할을 한다.

결국, 우리 조직과 구성원에게 **'맞는 방식의 시스템화'**를 만들어 가는 **과정**이 중요하다. 이 과정에서 사람과 AI가 서로 협력하며 함께 살아가는 새로운 인사 패러다임이 만들어질 것이다.

중심은 언제나 사람이다

우리가 이렇게 다양한 층위에서 '이해'와 '공감'을 이야기하는 이유는 무엇일까? 결국 우리는, **조직이라는 공동체 안에서 함께 일하는 사람**이기 때문이다. 이 단순해 보이는 사실이야말로, 인사담당자가 가장 잊지 말아야 할 진리다.

미국의 조직심리학자 애덤 그랜트Adam Grant는 "조직은 단순히 개인의 성과를 극대화하는 시스템이 아니라, 그 개인의 인간적 존엄과 가치를 인정하는 공동체여야 한다"고 강조했다.

실제로 이러한 관점은 여러 연구를 통해 반복적으로 입증되고 있다. 조직 내 **신뢰와 심리적 안전감**이 성과에 미치는 영향은 매우 크며, '사람과 사람 사이의 신뢰'는 탁월한 성과의 기반이 된다는 사실이 밝혀졌다.또한, 하버드 비즈니스 리뷰HBR는 "기술과 자동화가 많은 일을 대신하게 되더라도, 인간관계, 협력, 창의적 문제 해결은 여전히 인간만이 할 수 있는 영역"이라고 지적한다.

AI가 아무리 발전하더라도, '사람 사이의 신뢰와 협력'이라는 복합적 인간관계는 대체 불가능하다는 뜻이다.

인사담당자는 '나', '사람', '회사', '세상'에 대한 깊은 이해를 바탕으로 AI와 기술을 적극 활용하되, 결국 사람과 사람을 연결하고, 신뢰를 구축하는 '조직 내 감정의 리더'라는 사명을 잊지 말아야 한다. 우리가 인지해야 할 것은 인사 업무가 단순한 제도 설계와 실행을 넘어, '사람'을 향하는 일이라는 사실이다. 그리고 그 사람들이 모여 만들어가는 것이 바로 조직이다. 이 단순하지만 깊은 진리를, 우리는 늘 마음에 새기며 일해야 한다.

3
나는 GPT와 함께 성장 중이다

"GPT 어떻게 써요?"에서 "나답게 쓴다"로

처음 GPT를 접했을 때는 솔직히 막막했다.
"이걸 도대체 어떻게 써야 하지?"
"어떤 방식으로 업무에 적용하라는 거지?"
이런 혼란이 컸다. 분명 업무에 효율을 가져온다고들 하지만, 그 실체를 파악하기는 어려웠다. 그러다 문득 과거가 떠올랐다. 추억의 고전 게임 '맥스'를 기억하는 사람들이 있을 것이다. 80~90년대생이라면 한 번쯤 해봤을 게임. 대화를 나누면 마치 내 심리를 읽는 듯한 티키타카가 가능했고, 당시엔 꽤 신선했다. GPT와의 첫 만남도 그렇게, 대화하듯 접근해 보기로 했다.

처음엔 그냥 고민을 털어놓는 식이었다. 조직문화 활동을 위한 이벤트, 교육 커리큘럼 기획 등 예전 같으면 하나하나 검색해야 했던 것들을 이제는 거시적인 질문으로 던지기 시작했다.

"요즘 MZ세대가 열광하는 조직문화는?"
"구성원들이 몰입하는 사내 프로그램은?"

이처럼 포괄적인 질문부터 시작해서, 점차 세부적인 질문으로 좁혀가며 GPT와 대화를 나눴다. 그러자 흩어져 있던 정보들이 하나의 맥락으로 정리되기 시작했다. 타 기업의 사례, 성공 포인트, 유의사항 등을 연결해가며, 마치 브레인스토밍 파트너처럼 활용할 수 있었다.

물론, 모든 정보가 정확한 건 아니다. 때론 뻔한 말만 반복하거나, 사실이 아닌 내용을 진짜처럼 말하기도 한다. 그래서 중요한 건, 질문의 '질'이다.

얼마나 구체적으로 묻느냐, 얼마나 반복해서 다듬느냐에 따라 GPT의 활용도는 완전히 달라진다. GPT는 단순한 검색엔진이 아니다. 답을 '주는' 도구가 아니라, 생각을 정리하고 방향을 찾게 해주는 '거울' 같은 존재다.

이 점을 더 실감했던 계기는 함께 일하던 후배 덕분이었다. 그는 따뜻한 언어로 구성원들과 소통하고 싶어 했지만, 잘 되지 않아 자신감을 잃어가고 있었다.

"저도 그런 글을 쓰고 싶은데, 잘 떠오르지 않아요."

그렇게 말하던 그는 점점 더 위축돼 있었다. 그래서 내가 평소 써온 문장들과 따뜻한 톤의 표현들을 정리해 보여줬고, 그는 그것들을 GPT에 입력해 다양한 변형을 시도하기 시작했다. 그렇게 자신에게 맞는 언어, 쓸 수 있는 문장을 하나씩 만들어갔다.

놀라운 건 그 변화가 글쓰기에만 머물지 않았다는 점이다. 글을 통해 얻은 자신감은 말투와 표정, 표현력으로 확장되었고, 결국 구성원들과의 소통 방식까지 바뀌게 되었다. 이 과정을 지켜보며 다시 한 번 확신하게 됐다. GPT는 단순히 효율을 높이기 위한 도구가 아니라, 변화와 성장을 위한 촉매제가 될 수 있다는 사실을 알게 되었다.

'상像'이 그리는 방향으로 나아가고 있는가?

업무를 하며 가장 중요한 것은 '상'이다. 우리는 어떤 사람이 되고 싶은가? 어떤 조직문화를 만들고 싶은가? 어떤 인재를 키우고 싶은가?

이 상像을 명확히 그리지 못하면, 아무리 좋은 도구와 기술이 있어도 방향은 흐려진다. 실제로도 종종 이런 상황을 마주친다. 조직이 지향하는 상은 A인데, 구성원들은 B를 만들기 위해 애쓰고 있는 경우. 좋은 의도로 시작했지만 점차 프레임에 갇히고, 맥락을 놓치며, 목적이 희미해진다. 결국 방향은 어긋나게 된다. 이는 단순한 오해가 아니라, 잘못된 목표 설정에서 비롯된 실수다. 그래서 우리는 끊임없이 자문해야 한다.

"우리가 그리는 상에 근접해 가고 있는가?"

"지금 하는 이 활동은 그 상과 어떤 관련이 있는가?"

이 질문을 던질 때, GPT는 다시 유용한 도구가 된다. 정답을 알려주진 않지만, 다양한 관점과 논리를 제공해주고 그걸 바탕으로 내 방향성을 점검할 수 있게 돕는다. 결국, 그 상을 만들기 위해 얼마나 좋은 질문을 하느냐, 그리고 그 질문들로 무엇을 채워가느냐가 핵심이다.

결국 도구가 아니라 태도가 답이다

업무에서 가장 기본이 되는 건 기획이다. 그리고 기획의 핵심은 2W1H다.

- WHY: 우리는 왜 이 일을 하려는가?
- WHAT: 지금 우리 상황은 어떤가?
- HOW: 어떻게 풀어나갈 것인가?

문제는 대부분의 사람들이 HOW부터 시작한다는 점이다. 아이디어만 내면 끝이라고 생각하기 때문이다. GPT도 마찬가지다. HOW만 묻는다면, 피상적인 정보만 떠돌게 된다. 그래서 나는 WHY에 가장 많은 시간을 쓴다.

"이 일을 왜 하려고 하지?", "왜 이게 중요하지?", "왜 다른 조직들은 이걸 했을까?"

이런 질문을 열 번 넘게 바꿔가며 던진다.

그 과정에서 GPT는 꽤 유용한 시사점을 제공한다. WHY가 명확해지면 WHAT이 보이고, 그래야 비로소 제대로 된 HOW가 가능해진다.

나는 이 과정을 시각적으로도 정리한다. 마인드맵으로 WHY를 펼쳐보고, 중복 키워드를 묶어 문제 정의를 정리한 후, 그걸 GPT에 입력해 WHAT을 정리하고, 마지막으로 HOW를 구체화한다.

중요한 건 이 과정의 순서와 사고의 깊이다. GPT는 이 모든 과정을 함께 정리해주는 동반자다. 내 생각에만 매몰될 수 있을 때, GPT는 그 방향을 다시 고민하게 하는 반사경이 된다. 질문을 바꾸고, 관점을 전환하며, 결국 더 나은 해답에 다가갈 수 있게 만든다.

나는 아직 배우는 중이다, 그래서 더 가능하다

나는 기술 습득에 익숙한 편이 아니다. 그래서 GPT를 능숙하게 다루는 다른 인사담당자들을 볼 때면 감탄하게 된다. 어쩌면 내가 지금까지 써온 글과 고민을 어떤 사람들은 '초보 수준'이라 말할지도 모른다.

하지만 나는 믿는다. AI 시대, 인사담당자가 가져야 할 가장 중요한 역량은 '기술력'보다 '본질을 보는 눈'이라고. 질문을 제대로 하지 못하고, 방향을 잘못 잡는다면, 아무리 뛰어난 AI가 있어도 오히려 독이 될 수 있다.

나는 내가 무엇을 잘 못하는지 알고 있다. 그래서 더 묻고, 더 배우고, 더 성장하려 한다. GPT는 그런 나를 도와주는 든든한 동료가 되었다. 업무에서 막혔을 때, 내가 무엇을 놓치고 있는지 돌아보게 해주는 친구. 그리고 무엇보다, 사람을 계속해서 고민하게 해주는 동료다.

나만의 생각에 빠질 때, 내가 정말 중심에 두고 싶었던 것이 무엇인지, 어떤 방향으로 나아가야 할지를 GPT와 함께 고민한다. 우리는 결국 사람과 함께 일한다. 그리고 그 중심에 HR이 있다.

조직문화든, 교육이든, 평가든, 채용이든 모든 일은 사람에서 출발하고, 사람으로 끝난다. 아무리 AI가 발전하고, GPT가 우리의 일을 돕는 시대가 되더라도 HR의 본질은 변하지 않는다. 사람을 이해하는 일. 사람을 성장시키는 일. 사람이 모여 더 나은 결과를 만드는 일. 그래서 우리는 기술을 배우되, 사람을 잊지 말아야 한다. 도구를 활용하되, 본질을 흔들리지 말아야 한다. 변화에 적응하되, 중심을 잃지 말아야 한다.

GPT 시대, 인사는 어떻게 변해야 할까? 나는 이렇게 대답하고 싶다.

"AI를 잘 쓰는 인사담당자가 아니라,
사람을 더 잘 이해하기 위해 AI를 쓰는 인사담당자가 되어야 한다."

6장

'진짜일'은 어떻게 조직을 깨우는가?

일은 성과가 아니라, '울림'으로 증명된다

이재실

1
진짜일은 구조가 아니라 '생태'이다

구조는 있는데, 생태가 없다

지금 우리는 '일의 위기' 앞에 서 있다. 이 위기를 마주할 때 가장 먼저 던져야 할 질문은 "얼마나 많은 일을 하고 있는가?"가 아니라, "왜 이 일을 하고 있는가?"라는 근본적인 물음이다.

AI, 자동화, 플랫폼 경제, 세대 변화, ESG, 워라벨Work-Life Balance, 이 모든 키워드는 단순한 시대의 유행이 아니다. 일의 본질 자체를 다시 설계하라는 시대의 요구다.

산업환경과 기술은 빠르게 발전하고 있다. AI는 단순 반복 업무는 물론, 판단과 분석 같은 고차원적 영역까지 대체하고 있다. 그럼에도 여전히 공감, 윤리, 창의성, 맥락 이해 같은 영역은 사람만이 할 수 있는 고유한 몫이다.

결국 우리가 집중해야 할 것은 사람만이 할 수 있는 일, 바로 '진짜

일'이다. 기술이 아무리 발전해도, 우리가 그 본질에 가까이 가지 않는다면 생존 자체가 위협받을 수 있다.

한편, 우리가 간과하고 있는 또 하나의 위기는 조직 내에 의미 없는 일들이 너무 많아졌다는 점이다. 데이비드 그레이버 David Graeber는 이를 '가짜 일'이라 불렀다. 불필요한 보고서, 반복적인 결재, 형식적인 회의 등… 이런 일들은 몰입을 방해하고, 이직률을 높이며, 느린 의사결정을 유발한다.

무의미한 일은 단순히 비효율적인 수준을 넘어 조직을 병들게 하는 구조적 위험 요소이다. 그래서 우리는 반드시 물어야 한다.

"이 일은 누구를 위한 일인가?"
"왜 이 일이 존재하는가?"

이런 질문이 더 절실해지는 이유는, 세대의 변화가 '일'을 바라보는 철학 자체를 바꾸고 있기 때문이다. 이제 MZ세대는 생존만을 위한 일에는 매력을 느끼지 않는다. 그들은 선택의 권한이 주어지는 자율성, 사회적 기여로 이어지는 의미성, 삶의 균형을 중시하는 워라밸, 그리고 일을 통해 자신을 발견하는 정체성을 중시한다.

이러한 흐름은 일의 의미를 자기실현과 공동체적 책임으로 확장시키고 있다. 이 전환을 읽지 못하는 조직은 결국 우수 인재를 잃게 된다.

더불어, 지속가능성과 사회적 책임 역시 이제는 '일'의 구조를 바꾸고 있다. ESG Environmental, Social, Governance는 단순한 경영 전략이 아니라, 조직 안에서 무엇을 어떻게 일로 설계할 것인가를 묻고 있다.

환경E은 자원을 지속가능하게 쓰는 방식으로, 사회S는 신뢰와 관계 속에서 의미를 만드는 방식으로, 지배구조G는 투명하고 책임감 있게 일하는 구조로 '일의 방식' 자체를 새롭게 바꾸고 있다.

이제 우리가 해야 할 일은 의미 있는 일을 다시 설계하는 것이다. 진짜일은 ESG의 철학과 조응하며, 조직의 지속가능성을 가능하게 하는 핵심 자산이 된다. 지금이 아니면 늦는다. 진짜일을 말하는 것은 선택이 아니라, 생존의 조건이다.

기술은 무의미한 일을 밀어낸다. 사람은 오직 의미 있는 일에 집중해야 한다. 그래서 지금, 다음의 질문을 피할 수 없다.

"나와 우리가 하는 이 일은 진짜인가?"
"이 일은 사람을 살리는가, 아니면 소진시키는가?"
"우리는 왜 이 일을 하는가?"

이 질문을 외면하는 조직과 개인은 변화의 흐름 속에서 방향을 잃게 될 것이다. 그래서 우리는 지금, '진짜일'을 말해야 한다.

'진짜일'은 단순한 과업의 나열이 아니다. 그것은 의미와 관계 속에서 살아 움직이는, 하나의 유기체와 같다. 단기 성과에 급급한 반복적 업무를 넘어, 사람과 조직, 사회가 맞물린 생태계 안에서 지속적으로 자라나는 살아 있는 활동이다.

이때 말하는 '생태성'이란 일이 생성되고 성장하기 위해 작동하는 본질적인 원리와 조건을 뜻한다. 진짜일은 단순한 효율성의 문제가 아니라, 일이 숨 쉬고 흐르며 연결되는 전 과정을 아우르는 상위 개념이다.

진짜일은 어떤 생태적 조건 위에서 자라는가?

진짜일은 다섯 가지 생태적 요소를 기반으로 성장한다.

생태 조건	핵심 의미
목적과 가치	일은 단기적 성과를 넘어, 개인과 조직의 존재 이유와 맞닿은 중·장기적 가치를 지향한다.
소통과 연결	대화와 피드백을 통해 진화하고, 협업과 상호작용 속에서 깊어진다.
문화와 맥락	시간·공간·문화라는 배경 안에서 태어나며, 그 맥락 속에서 생명력을 얻는다.
자율성과 책임	명령이 아닌 자기 결정과 책임감으로 일은 자란다. 개인의 주도성과 공동체의 책임이 함께 작동한다.
순환과 성장	닫힌 시스템이 아닌, 피드백과 학습이 반복되는 순환 구조 속에서 진화한다.

이러한 조건들은 진짜일이 스스로 호흡하고 진화할 수 있도록 돕는 토양이 된다.

진짜일은 '흐름'과 '연결' 속에서 태어난다.

진짜일은 정해진 절차로 만들어지지 않는다. 그것은 생태적 흐름과 연결의 구조 안에서 자연스럽게 형성되고 진화한다. 이 흐름은 다음의 세 가지 단계로 이어진다.

- **방향 설정**: 미션Mission, 비전Vision, 가치Values를 통해 존재 목적을 명확히 한다.
- **태도 형성**: 의지, 창의성, 책임감 등 내면의 에너지를 스스로 만들어내는

과정이다.
- **실천 구현**: 지식과 기술을 손과 발로 옮겨 가시적인 결과로 형상화한다.

이 세 요소는 마치 자연 생태계의 빛, 공기, 물처럼 서로를 필요로 하며, 어느 하나만으로는 진짜일이 완성되지 않는다. 진짜일은 개인 → 조직 → 사회로 확장되는 구조를 갖는다. 개인이 품은 내면의 의미는 조직 시스템을 통해 실현되고, 그것은 다시 사회적 가치로 환원되는 선순환을 만든다.

하지만 중요한 것은, 진짜일은 결코 계획만으로 만들어지지 않는다는 점이다. 예측 불가능한 현실 속에서 진짜일은 '조응력 Resonant Responsiveness', 즉 유연하게 반응하고 문제를 해결해 나가는 실천적 감각을 통해 생명력을 얻는다. 이것은 정태적 계획이 아닌, 동태적 진화의 구조이다.

왜 지금, 생태성을 말해야 하는가?

과거 산업화 시대의 일은 표준화된 절차와 반복 가능한 구조 속에서 작동했다. 그러나 지금은 다르다. AI와 자동화의 확산, 그리고 예측 불가능한 변화들이 일의 성격 자체를 빠르게 바꾸고 있다.

정해진 업무를 잘 수행하는 것만으로는 더 이상 생존이 보장되지 않는 시대가 되었다. 고정된 업무 구조는 지속 가능하지 않다. 이제 우리는 일을 하나의 '살아 있는 생명체'처럼 이해하는 관점, 즉 생태적 시선이 필요하다.

지금의 일터는 구조는 있으나 생태가 발견되지 않는다. 진짜일의 생태성은 일을 규정짓는 기준이 아니라, 일이 스스로 숨 쉬고 흐르며 사람·조직·사회 속에서 살아 움직이도록 만드는 본질적 기반이며, 조직의 지속 가능한 경쟁력을 만드는 핵심 원리다.

일 중심의 조직에서 사람과 의미 중심의 생태 구조로 전환될 때, 비로소 우리는 진짜일을 발견하게 된다. 그리고 이 생태성의 개념은 미래 일터를 새롭게 설계하기 위한 지렛대가 되어줄 것이다.

일에는 흐름이 있다. 나는 그 안에 있는가?

진짜일은 조직의 미션Mission, 비전Vision, 가치Values와 연결될 때 비로소 힘을 얻는다. 이는 단순한 업무 분장이 아니라, 조직이 존재하는 이유와 그 방향성에 따라 과업이 어떻게 디자인되어야 하는지를 뜻한다.

보고서 작성을 떠올려 보자. 단순히 상사의 지시를 이행하기 위해 쓰는 것이 아니라, 조직의 판단과 소통을 투명하게 만들고 본질적인 의사결정을 돕는다면 그것은 진짜일이다. 그래서 우리는 일을 설계하고 수행할 때, 다음 세 가지 질문을 반드시 던져야 한다.

- 이 일은 누구에게 어떤 가치를 주는가?
- 이 일을 통해 무엇이 달라지고 있는가?
- 이 일을 하지 않으면 어떤 문제가 발생하는가?

이 질문에 분명한 답을 가지고 실행에 옮길 때, 비로소 일은 방향성을 가진 진짜일로 작동하게 된다.

조직 시스템을 '일 중심'에서 '사람 중심'으로 재구성하라

진짜일을 가능케 하려면, 불필요한 절차와 복잡한 구조부터 걷어내야 한다. 전통적인 피라미드형 보고 체계는 일보다 정렬과 보고에 더 많은 에너지를 쏟게 만든다. 이제는 시스템의 중심을 '실행'과 '자율성'으로 이동시켜야 할 때다. 다음은 이를 위한 재구성 방향이다.

전략 요소	재구성 방향
업무 구조	과업 중심에서 → 성과 중심으로 전환
권한 체계	상명하달식 → 역량 기반 자율 배분
피드백 구조	정기 보고 중심 → 실시간 피드백 시스템
협업 방식	부서 중심 → 목적 기반 협업 셀(Cell) 운영

특히 기존의 부서 중심 조직을 문제 해결 중심의 태스크포스Task Force로 유연하게 전환하면, 실행과 도전이 자연스럽게 이어지며, 진짜일을 향한 변화가 더 빠르게 이뤄질 수 있다.

진짜일은 '양'이 아니라 '질'로 평가되어야 한다

정량적 성과지표만으로 평가는 진짜일을 왜곡한다. 숫자는 성과의 일부일 뿐, 일이 만든 변화와 의미를 모두 담을 수 없다. 진짜일은 다음 세 가지 질적 기준에서 평가되어야 한다.

- **문제 해결력**: 실제로 조직의 본질적인 문제를 해결했는가?
- **관계 형성력**: 협업과 문화에 긍정적 영향을 주었는가?
- **지속 가능성**: 단기 성과를 넘어 장기적인 가치를 만들고 있는가?

이런 질적 평가는 '개인의 노력'에만 맡겨서는 안 된다. 진짜일이 지속되려면, 조직 전체가 의미와 목적 중심으로 작동하는 시스템을 갖춰야 한다. 개인의 성실성을 넘어서는 구조적 기반이 필요하다.

구조보다 중요한 것은 '맥락'이다

많은 조직이 일을 직무기술서, KPI, 매뉴얼 등으로 구조화하려 한다. 하지만 이런 접근은 일을 경직시키고, 환경 변화에 민감하게 반응해야 하는 상황에서 적절한 대응을 어렵게 만든다. 진짜일은 절차에서 태어나지 않는다. 진짜일은 언제나 맥락 속에서 발생한다.

"지금, 이 시점에, 이 환경에서, 이 사람들과 함께, 왜 이 일이 필요한가?"

이 질문에 명확히 답할 수 있어야 한다. 절차를 따르는 것만으로는 충분하지 않다. 진짜일은 맥락에 맞게 유연하게 대응하고, 의미 있게 조응하는 실행의 힘에서 시작된다. 구조는 일의 뼈대이지만, 맥락은 그 일에 생명과 방향을 부여하는 힘이다. 진짜일이 자라나기 위해서는, 바로 이 '맥락적 사고'가 조직의 중심에 있어야 한다.

조직 시스템보다 중요한 '일의 맥락성'

일을 구조화하면 관리와 분장은 분명 쉬워진다. 하지만 그 안에는 놓치기 쉬운 중대한 함정이 숨어 있다. 바로, '맥락'을 잃는 것이다.

"이 회의는 매주 수요일 오전 10시에 진행한다."는 체계는 분명하다. 그러나 "지금 이 회의가 왜 필요한가?"라는 맥락적 판단은 빠져 있다.

그 결과, 조직에서는 회의는 하되 결정은 없고, 숱한 보고는 이루어지는데 실행되는 것은 없으며, 구성원 각자 역할은 분명하지만 책임지는 자가 없는 일들이 빈도 높게 반복된다. 이처럼 구조 중심 접근은 진짜일을 구분하는 형식의 덫이 될 수 있다.

일의 맥락을 읽는다는 것은 의도, 연결, 변화를 파악하는 것이다

일의 맥락을 읽는다는 것은 단지 설명을 잘하는 게 아니다. 다음의 세 가지 질문에 대답하고, 그것을 실행으로 연결하는 것이다.

질문	맥락적 요소
이 일이 지금 왜 필요한가?	변화하는 환경과 내부 과제에 대한 이해
누구와 어떤 관계 안에서 이뤄지는가?	협업자, 고객, 상호작용의 조건
이 일로 어떤 변화가 일어나야 하는가?	단순 과업의 결과가 아닌, 의도한 영향에 주목

이 질문들이 해석되기 시작하면, 일은 단순히 지시하고 순응하는 것이 아니라, **의도와 실행 방식**을 함께 고려하는 실천으로 전환된다. 즉,

단순히 "무엇을 해야 하나"를 넘어서 "어떻게 해야 가장 의미 있게 작동할 것인가?"를 고민하게 되는 것이다.

실천적 지혜가 담긴 '맥락 기반'의 일 설계가 필요하다

맥락은 매뉴얼처럼 쉽게 표준화되지 않는다. 그것은 현장의 감각, 판단, 해석, 조응력에 의해 작동한다. 그래서 조직은 정답을 가르치기보다, 질문을 던질 수 있는 힘을 길러줘야 한다. 이를 위한 조직 설계의 전환 방향은 다음과 같다.

기존 방식	전환 방향
정적 매뉴얼	동적 프레임워크
단일 정답 지향	다중 해석 가능성 허용
상명하달식 지시 체계	현장 주도 의사결정

진짜일은 틀 안에서 반복되는 활동이 아니다. 그것은 상황을 읽고, 대응하고, 새롭게 창조해내는 과정이다. 따라서 진짜일을 활성화하려면, 조직은 '구조화된 틀'을 넘어, '맥락에 반응할 수 있는 역량'을 구성원에게 심어주어야 한다. 그리고 그 시작은 언제나 이 질문으로부터 출발한다.

"이 일, 지금, 왜 필요한가?"

일과 삶은 분리될 수 있는가?

나는 일하는가? 살아가는가? 아니면, 일하며 살아가는가?

이 질문은 지금 우리의 삶의 구조를 근본적으로 되묻는 물음이다. 과거 산업화 시대, 일은 생계를 위한 수단이었고, 삶은 퇴근 이후의 시간이었다. 하지만 이제 우리는 일·삶·여가·학습의 경계가 흐려진 시대에 살고 있다. 퇴근 후에도 메일을 확인하고, 주말에도 회의를 소화하며, 유연근무제 속에서 일상과 업무는 자연스럽게 뒤섞이고 있다. 이제 단순히 '시간을 나누는 문제'가 아니라, 정체성과 의미를 통합하는 방식으로 접근해야 할 시점이다.

일 따로, 삶 따로의 시대는 끝났다

기존의 워라밸Work-Life Balance은 일과 삶을 '나눠서' 균형을 맞추려는 개념이었다. 그 전제는 분명했다. "일은 고통, 삶은 보상" 그러나 지금은 이 이분법이 더 이상 유효하지 않는다.

기존 관점	변화된 관점
일과 삶은 분리됨	일과 삶은 연결됨
일은 생계 수단	일은 삶의 일부이자 자기실현의 장
삶은 일의 보상	삶은 일의 이유

이제는 워라밸이 아니라, '워라블Work-Life Blended', 즉 삶과 일이 자

연스럽게 조화를 이루는 통합적 사고가 필요하다. 진짜일은 단지 노동이 아니라, 삶을 살아내는 방식 그 자체이다.

진짜일은 삶의 질을 촉진한다

일은 삶을 파괴할 수도 있고, 회복시킬 수도 있다. 무의미한 야근, 형식적인 보고와 회의는 삶의 에너지를 소진 시키지만, 방향과 의미를 담은 진짜일은 다음과 같은 방식으로 삶을 되살린다.

- 일에서 보람을 느끼고, 삶에 긍정적 감정을 불어넣는다.
- "나는 누구인가?"라는 질문에 답할 수 있는 정체성과 연결한다.
- 내 일이 공동체에 기여하고 있음에 자존감을 준다.

반복적이고 강제된 일은 사람을 질식시키지만, 의미 있는 일은 사람에게 숨을 불어넣는다. 일은 나를 자각하게 하고, 오늘을 견디게 하며, 내일을 기대하게 만든다.

일터는 곧 삶터 Lifescape 다

오늘날의 일터는 단순한 작업 공간이 아니다. 그것은 삶이 펼쳐지는 무대이며, 정체성이 형성되는 생태적 공간이다. 진짜일을 추구하는 조직이라면 다음의 질문을 던져야 한다.

- 구성원은 자율성과 연결성을 가지고 일하고 있는가?
- 일은 단지 업무가 아니라, 자기 성장과 관계 형성의 기회가 되고 있는가?

- 조직문화는 구성원의 삶을 존중하고 회복시키는 환경이 되고 있는가?

우리는 이제, 일을 통해 삶이 소모되는 시대에서 삶이 살아나는 시대로 나아가야 한다. 일은 존재의 근간이고, 내일을 품은 활동이며, 사람을 살리는 행위다. 프랑스 철학자 알베르 카뮈Albert Camus는 이렇게 말했다.

"일을 하지 않으면 삶은 부패한다. 그러나 영혼 없는 일은 삶을 질식시킨다."

진짜일은 살아 있는 시간이다. 그리고 그 일이 곧 삶이 되는 순간, 우리는 비로소 자기 존재를 느낄 수 있다. 그래서 우리는 조용히 스스로에게 묻는다.

이 일은 나를 살게 하고 있는가?
내 삶은 이 일을 통해 더 깊어지고 있는가?

2
이 일은 진짜 내 일인가?

진짜일 vs 가짜 일의 분류 기준

우리는 매일 수많은 일을 처리하며 하루를 보낸다. 보고서를 쓰고, 회의에 참석하고, 이메일을 주고받고, 급한 업무에 쫓기며 그렇게 하루가 흘러간다. 그런데 어느 순간, 문득 이런 질문이 스쳐간다.

"나는 지금, 진짜일을 하고 있는가?"

하루는 분명 바빴지만, 어떤 의미나 성취감보다는 그저 시간이 흘러갔다는 공허한 감각만이 남을 때가 있다. 그럴 때 우리는 의심해야 한다. 지금 내가 하는 이 일이, 혹시 가짜 일은 아닌가?

AI와 자동화가 빠르게 일의 형식과 방식을 바꾸고 있는 지금, 우리에게는 더 이상 "일을 잘하는 법"만으로는 부족하다. 이 시대에 우리가 던져야 할 질문은 단 두 가지다.

- 왜 나는 이 일을 하는가?
- 어떻게 나는 이 일을 하고 있는가?

이 질문은 단순한 반성이 아니라, 일의 본질을 다시 정의하기 위한 출발점이다. '왜'라는 질문은 나의 존재와 일을 연결시킨다. '어떻게'라는 질문은 나의 태도와 방식을 점검하게 만든다. 그리고 이 질문들에 진지하게 답하기 위해, 우리는 반드시 묻고 구분해야 한다.

무엇이 진짜 일이고, 무엇이 가짜 일인가?

그 기준이 없다면, 우리는 매일 바쁘지만 아무 일도 하지 않은 사람처럼 느껴질 것이다.

'나는 지금, 진짜 일을 하고 있는가?' 이 물음에 답하기 위해서는 먼저, 진짜 일과 가짜 일의 기준을 명확히 이해해야 한다. 내가 정의하는 '진짜 일'이란, 조직과 개인의 방향성과 목적에 에너지를 집중하여 구체적인 결과와 성장을 만들어내는 활동이다.

반면, 데이비드 그레이버 David Graeber 는 '가짜 일 Bullshit Jobs'을 형식은 갖추었지만 실질적 기여는 없는, 반복적이고 기계적인 활동이라고 정의한다. 현장 경험과 조직 관찰을 바탕으로 나는 진짜일과 가짜 일을 다음의 다섯 가지 기준으로 구분하고자 한다.

분류 기준	진짜일(real work)	가짜 일(fake work)
방향과 목표	조직의 방향성과 개인의 성장에 부합	지시 수행 중심, 목적 불분명
문제 해결력	실질적 문제를 인식하고 해결	표면적 수행, 영향 미미
실행력	주도적 실천과 역량 발휘	반복 작업, 자동화 가능
성과와 가치	타인과 조직에 긍정적 가치 창출	결과 없는 바쁨, 자기만족
몰입과 에너지	몰입 유도, 성취감 생성	무의미한 피로, 회피 유발

이 기준은 단순한 업무 평가표가 아니다. 일과 존재, 의미와 방향이 만나는 지점을 가늠하는 실천 도구이다.

나는 왜, 어떻게 일하는가?

인간은 단지 생존을 위해서만 일하지 않는다. 우리는 일을 통해 가치를 만들고, 타인과 연결되며, 존재의 의미를 확인한다. 즉, 일은 삶의 수단이자, 자기 성장의 경로이다. 다음의 질문을 스스로에게 던져보자.

- 지금 내가 하는 일은 방향성과 연결되어 있는가?
- 실질적인 문제 해결에 기여하고 있는가?
- 나와 조직 모두의 성장을 이끌고 있는가?

이 질문에 "그렇다"고 말할 수 있다면, 당신은 지금 진짜일을 하고 있는 것이다. 반면, 의미 없는 보고, 관성적 회의, 중복된 절차 속에 있다면 그건 가짜 일의 징후일 수 있다. 진짜일을 하기 위해서는, "왜 이 일을 하는가"에 대해 스스로 납득할 수 있는 내적 이유가 있어야 한다.

진짜일은 말로 설명할 수 있다

진짜일을 하는 사람은 "나는 왜 이 일을 하는가?"라는 질문에 자기 언어로 설명할 수 있는 힘을 가진다. 그 설명은 철학적일 필요는 없다. 다만 그 말 속에는 분명한 방향과 맥락이 담겨 있다. 반대로 가짜 일을 하는 사람은 대개 이렇게 말한다.

"그냥 하라고 해서요."
"원래 해오던 거라서요."

목적을 설명할 수 없는 일은 진짜일이 아니다. 진짜일은 의미와 방향이 담긴 자기 언어를 통해 정의된다.

진짜일은 자기 설명을 가능케 한다

진짜일은 단순한 실행이 아니라, 자기 정체성을 드러내는 표현 방식이기도 하다.

- "나는 이 일로 어떤 가치를 만들고 있다."
- "이 일은 나의 정체성과 연결되어 있다."
- "이 일을 통해 사람과 사회에 긍정적 영향을 줄 수 있다."

이러한 내면의 진술이 가능하다면, 당신은 단순히 일하는 것이 아니라 살아 있는 방식으로 일하고 있는 것이다.

진짜일은 선택의 태도에서 시작된다

진짜일은 주어지는 것이 아니라, 그 일을 어떻게 받아들이고 실천하는가에서 비롯된다. 같은 과업이라도, 그걸 받아들이는 마음가짐과 방식에 따라 진짜일이 될 수도, 가짜 일이 될 수도 있다.

진짜일을 선택하는 사람은 단순히 바쁘게 일하지 않는다. 그들은 일의 흐름을 관찰하고, 본질을 성찰하며, 자신의 방향성과 연결해낸다. 조직 또한 마찬가지다. 진짜일을 기반으로 문화가 설계된 조직은 생산성뿐 아니라 몰입도, 창의성, 지속 가능성에서도 탁월한 결과를 만들어낸다.

진짜일을 하는 조직의 실천 전략

진짜일을 인식하고 실천하려는 개인이 많아진다고 해서, 조직 전체가 저절로 변하는 것은 아니다. 오히려 그런 개인일수록 기존의 '가짜일' 구조와 문화에 더 깊이 좌절하게 될 수 있다. 따라서 진짜일 중심의 조직 전환은 단순한 인식 변화가 아니라, 조직의 구조, 문화, 운영 전략을 근본적으로 다시 설계하는 일에서 시작되어야 한다. 이것이 바로 조직이 살아 움직이는 시스템으로 거듭나기 위한 실천 전략의 핵심이다.

방향 정렬의 재정의: 전략보다 먼저 철학

진짜일은 단순한 실행이 아니라, '옳은 방향'을 향한 의식적인 실천이다. 이를 위해 조직은 구성원이 "왜 이 일을 하는가"라는 질문에 자기 언어로 답할 수 있도록 다음 세 가지 방향 정렬을 명확히 해야 한다.

- 미션Mission: 조직의 존재 이유를 모든 구성원이 쉽게 이해하고 공감할 수 있는 언어로 해석하고 공유한다.
- 비전Vision: 환경 변화 속에서 조직이 도달하고자 하는 구체적인 목표와 전략을 명시한다.
- 핵심 가치Core Values: 구성원이 판단하고 실행할 수 있는 기준을 제시하고, 이를 조직문화 속에 자연스럽게 녹여낸다.

이 세 가지는 선언문에만 머물러선 안 된다. 교육, 워크숍, 일상적 의사결정의 기준 속에 실질적으로 녹아들어야 한다.

"전략 없는 실행은 소모전이고, 철학 없는 전략은 가짜 일의 온상이다."

가짜 일 제거와 실행 중심 체계 구축

진짜일을 중심에 두는 조직으로 전환하려면 두 가지 실행 전략이 병행되어야 한다.

1) 가짜 일 제거 시스템 구축
- 업무 타당성 진단: 각 부서의 업무 목적과 실질적 기여도를 점검하고,

불필요한 일은 과감히 제거한다.
- **보고·회의 혁신**: 형식적인 보고서와 회의를 줄이고, 대화와 공감 중심의 협업 구조로 전환한다.
- **성과 평가 개편**: 양보다 질, 형식보다 실질적 영향력 중심의 평가 지표로 전환한다.

2) 실행 중심 업무 설계
- 업무를 단순한 분장이 아니라 문제-해결-성과의 흐름으로 재설계한다.
- KPI보다 KBI_{Key Behavioral Indicator} 중심의 목표관리 체계를 도입한다.
- 작은 실험과 실패를 허용하는 문화를 조성하여 학습과 도전을 장려하는 환경을 만든다.

이러한 변화는 단순한 절차 개편이 아니라, 일하는 방식 전체를 전환하는 조직문화 혁신이다.

사람-일-조직이 연동되는 생태문화 조성

진짜일은 개인의 실행에만 머물지 않는다. 그 일은 사람과 조직, 시스템이 유기적으로 연결된 생태계 안에서 자란다. 조직은 다음과 같은 생태문화 기반을 조성해야 한다.

- **상호 피드백 문화**: 수직적 평가보다, 동료 간 코칭과 공감 중심의 피드백이 자연스럽게 오가는 환경을 만든다.
- **일과 삶의 통합 운영**: 유연근무제, 자율근무 설계, 워라블Work-Life Blend-

ed 기반 환경 등 삶과 일이 조화를 이루는 시스템을 설계한다.
- 실행 중심 리더십 전환: 지시가 아니라, 참여와 실천 중심의 모범적 리더십이 필요하다. 리더는 말이 아닌 행동으로 진짜일을 보여주고, 그런 일을 실천하는 구성원을 적극적으로 지지해야 한다.

이러한 문화를 통해 조직은 점차 진짜일이 살아 숨 쉬는 생태계로 전환된다. 그것은 단지 일의 방식이 아니라, "우리는 왜 이 일을 하는가?"라는 조직 존재의 방식 자체를 다시 묻는 것이다.

이 질문을 진지하게 품고, 실천으로 연결하는 조직만이 위기 속에서도 학습하고, 창조하며, 사람과 조직을 함께 살릴 수 있다. 그것이 바로, 진짜일을 실천하는 조직의 궁극적 전략이다.

존재와 가치를 연결하는 '진짜일'의 프레임

AI 대전환 시대, 일은 더 이상 단순한 생계 수단이 아니다. 그것은 '나'라는 존재의 의미를 형성하는 핵심 축이 되었다. 그러나 기술의 고도화와 자동화는 우리에게 "이 일이 진짜인가?"라는 질문을 던질 기회조차 점점 앗아가고 있다.

방향성 없이 바쁘게 움직이고, 회의–보고–형식적 과업에 쫓기며, 자각 없이 소모되는 일상은 우리를 진짜일로부터 멀어지게 만든다. 그래서 필요한 것이 있다. 바로 **존재와 실천이 연결되는 '진짜일 프레임'**이다. 이 프레임은 단순한 업무수행 도구가 아니다. "왜 이 일을 해야 하는가?"라는 존재적 질문에 응답할 수 있도록 돕는 실천 구조이자 사고의 지도map이다.

진짜일 프레임의 구성 요소

진짜일은 **방향성**과 **실행력**이 만날 때 비로소 탄생한다. 나는 이를 다음 네 가지 핵심 구성 요소로 정리하였다.

프레임 구성 요소	핵심 질문	실천 전략
방향의 설정	왜 이 일을 하는가? 조직의 방향과 연결되는가?	목적 기반 과업 재설계, 조직 미션과 개인 목표의 정렬
실행 역량(힘)	일을 수행할 역량과 주도권이 있는가?	자율·책임 중심 역할 배분, 실험과 피드백 중심의 문화
사람과 연결	누구와 어떻게 함께 하는가? 상호작용과 맥락이 반영되는가?	협업 기반 구조, 유연한 관계 설계와 피드백 순환
지속성	이 일은 계속될 수 있는가? 어떤 영향력을 남기는가?	영향 중심 평가, 성찰 구조, 삶과 일의 통합 운영

이 프레임은 가짜 일을 걸러내는 필터이자, 몰입과 성장의 실천 엔진으로 작동한다.

진짜일은 생태적 흐름이다

진짜일은 고립된 과업이 아니다. 그것은 관계적이고 생태적인 흐름 속에서 생성되고 자란다. 그 특성은 세 가지 키워드로 요약된다.

- **지속가능성**: 단기 성과보다 중장기적 가치를 창출한다.

- **상호작용성:** 다양한 주체들과의 관계·소통·협업을 통해 진화한다.
- **적응과 성장성:** 환경 변화에 유연하게 대응하고, 피드백을 반영하며 계속해서 진화하는 구조를 가진다.

즉, 진짜일은 하나의 결과물이 아니다. 살아 있는 흐름이다. 그 흐름 속에서 나-조직-사회가 서로 연결되고, 그 안에서 진짜일은 생명력을 얻는다.

진짜일을 위한 조직문화 설계

진짜일이 살아 움직이는 조직은 문화부터 다르다. 이를 위한 세 가지 실천 전략은 다음과 같다.

- **가치 중심 리더십 강화:** 리더는 단순한 지시자가 아니라, 일의 방향성과 존재 의미를 제시하는 촉진자여야 한다. 구성원의 일과 삶을 연결해주는 동반자로서, 일의 이유와 가치를 함께 찾아가야 한다.
- **가짜 일 제거 시스템 설계:** 형식주의, 불필요한 보고, 관료적 절차, 이러한 비생산적 관행을 제거하기 위해 업무 타당성 진단과 실행 중심 체계 설계가 필요하다.
- **실천 기반 학습문화 구축:** 지식을 전파하는 데 그치지 말고, 실제 일의 방향성과 연결된 실행형 학습 체계를 만들어야 한다. '듣고 끝나는 교육'이 아니라, '하고 나누는 실천'이 되도록 학습의 방식도 전환되어야 한다.

진짜일은 단지 '성과를 내는 일'이 아니다. 개인의 에너지를 살리고,

존재의 가치를 실천으로 연결하는 일이다. "내가 누구인지, 왜 이 일을 하는지, 이 일이 어떤 세계와 연결되는지를 행동으로 증명하는 과정", 그것이 바로 진짜일 프레임이 제시하는 지도map이다.

이제 우리에게 필요한 것은 단 하나, 그 지도를 따라 진짜일을 선택하고 실천할 용기이다. 그리고 그 용기는, 일을 통해 존재를 살아내고자 하는 '나'로부터 시작된다.

팀을 바꾸는 힘은 '업무량'이 아니라 '울림'이다

2024년, 내가 컨설팅한 S사의 사례에서 조직은 '성과 부족'이라는 진단에 대응하기 위해 업무량을 늘리는 방식으로 전략을 택했다. 더 많은 프로젝트, 더 빠른 마감, 더 촘촘한 일정이 도입되었지만, 성과는 오르지 않았고, 팀의 분위기는 오히려 침체되었다.

이 사례는 우리에게 중요한 사실 하나를 일깨워준다. 팀을 바꾸는 것은 '업무량'이 아니라 '울림'이다. 여기서 말하는 울림이란 단지 감정의 일렁임이 아니다. 그것은 일의 방향성과 사람 간 관계, 감정이 깊은 내면에 닿아 파장을 일으키는 상태이다.

진짜 팀워크와 몰입, 성과는 '더 많이'가 아니라, '더 깊이' 연결될 때 비로소 가능해진다.

1) 울림이 있는 팀의 3가지 특징

울림 있는 팀은 단순히 일을 함께하는 집단이 아니다. 그들은 일의 의미와 감정이 공유되는 공동체이다. 이러한 팀은 다음 세 가지 특징을 공통으로 갖는다.

- 공명의 파장

  모든 팀원이 내면으로부터 이렇게 느낀다. "이 일은 우리가 반드시 해내야 하는 일이다."

- 감정의 안전감

  불안, 두려움, 회의감, 기쁨 등 어떤 감정이든 자유롭게 표현되고 존중받는 분위기이다.

- 행동 기반 신뢰

  말보다 행동이 앞서며, 약속은 지켜지고, 책임은 흐려지지 않는다.

이런 팀에서는 단지 결과가 아니라 일하는 과정 자체에서 배움, 성장, 존재의 에너지를 얻는다. 반대로, 울림이 없는 팀은 "왜 이 일을 하는가?"에 대한 이유 없이 내면의 저항 속에서 무기력하게 업무를 수행한다.

2) 울림을 만드는 3가지 구조 설계

울림은 자연스럽게 생기지 않는다. 그것은 의도적으로 설계되어야 할 조직 구조의 결과다. 조직은 다음 세 가지 구조를 통해 울림을 만들어야 한다.

- 공동의 목적 Purpose

  단순한 과업이 아니라, 공동의 사명으로 느낄 수 있도록 비전 브리핑, 팀 미션 선언식, 스토리텔링 등을 통해 감성적 연결을 형성한다.

- 관계의 진정성 Connection

  피상적인 업무 관계를 넘어, 진심이 오가는 만남의 경험을 설계해야 한다. 1:1 대화, 감사 표현, 회고 미팅은 신뢰 자산을 축적하는 소중한 기회이다.

- **감정의 안전지대 Safety**

  실수나 감정 표현이 비난 없이 수용되는 환경이 중요하다. 회의 중 반대 의견 허용, 리더의 자기 개방은 심리적 안전감의 토대를 형성한다. 이 모든 울림의 시작은 성과 중심이 아닌 사람 중심의 리더십에서 비롯된다.

3) 울림이 있을 때 일이 살아난다

울림은 분위기의 문제가 아니다. 일의 방식 그 자체를 바꾸는 힘이다.
- 업무 분장은 논리적으로 하지만, 협업은 유기체처럼 유연하게 설계한다.
- 목표는 지시로 설정하는 것이 아니라, 서로 간의 약속으로 조율한다.
- 갈등은 피해야 할 문제가 아니라, 성장을 위한 자산으로 바라본다.

이러한 실천이 축적되면 그 조직은 단순히 일을 잘하는 팀을 넘어, 사람이 살아 숨 쉬는 일터로 바뀐다. 진짜일이 조직을 바꾸듯, 울림이 팀을 바꾼다.

우리는 성과를 요구하기 전에, 스스로에게 이 질문부터 물어야 한다.

"서로에게 울림이 되고 있는가?"
"당신은 왜 그 일을 하고 있는가?"
"그 일은 당신에게 어떤 의미인가?"

진짜 질문이, 팀을 바꾸는 출발점이다. 나는 주장한다. 조직을 바꾸고 싶다면, 먼저 나 자신과 우리 팀부터 바꿔야 한다. 그리고 팀을 바꾸고 싶다면, 업무량이 아니라, 마음에 울림을 주어야 한다. 울림은 존재와 관계의 깊이에서 시작된다.

3
진짜일은, 나답게 실천하는 일이다

내가 살아 있음을 느끼는 순간

진짜일이란 무엇인가? 그 질문에 대한 가장 근본적인 대답은 이 한 문장에 담겨 있다.

"그 일은 나다움을 회복하게 하는가?"

우리는 흔히 '무엇을 하며 사는가'를 이야기하지만, 정작 '어떻게 살아 가는가'를 묻는 일은 드물다. 진짜일이란 단순한 성과나 능력의 발현이 아니다. 그것은 "나는 누구인가?", "나는 지금 살아 있는가?"라는 존재의 감각과 만나는 깊은 통로이다. 오늘의 사회는 너무 많은 외부의 기준과 비교로 가득 차 있고, 너무 적은 내면의 울림과 연결 속에서 일하게 만든다. 그 결과, 우리는 분명 많은 일을 하지만 정작 '나'를 잃어버리곤 한다.

그러나 진짜일은 다르다. 일이 곧 나다움으로 이어질 때, 그 일은 삶의 회복이며, 존재의 증명이 된다.

"내가 살아 있다는 감각은 언제 오는가?"

이 질문은 단지 생물학적 생존을 넘어, 존재의 이유와 감정의 진동을 묻는 깊은 성찰이다. 누군가는 사랑하는 순간에, 누군가는 여행지의 노을 아래에서 그 감각을 느낀다고 말하지만, 나는 말한다. 내가 일하는 과정에서 살아 있음을 느낀다고.

단, 그 일이…

- 내 내면의 진실과 연결되어 있고
- 나의 정체성을 드러내며
- 세상에 내가 존재함을 증명해주는 일이라면

그 일은 단순한 노동이 아니라, '나 자신을 살아내는 실천'이다.

1) 일work은 생계 수단을 넘어선다

우리는 인생의 많은 시간을 일에 쓴다. 만약 그 일이 단지 돈을 벌기 위한 수단이라면, 그 시간은 어쩌면 버려진 삶의 일부일 수 있다.

그러나 그 일이

- 나의 가치관,

- 나의 정체성,
- 나의 신념과 연결되어 있다면?

그 시간은 곧 존재의 증명이며, 나다움의 표현이 된다. 예를 들어, 소외된 이웃을 도울 때, "나는 따뜻한 사람이다.", "새로운 아이디어를 창조할 때, "나는 창조적인 존재다."

일은 내가 누구인지를 찾아가는 여정이며, 세상 속에서 나만의 자리를 만들어가는 실천이다.

2) 내가 살아 있음을 느끼는 순간들

살아 있다는 감각은 정서적 에너지와 연결되어 있다. 그 감각은 다음과 같은 순간에 선명하게 다가온다.

- 몰입할 때

  시간의 흐름을 잊고 어떤 일에 완전히 빠져들 때

- 누군가에게 유의미한 영향을 줄 때

  나의 행동과 결과물이 누군가에게 도움이 되었음을 느낄 때

- 도전을 이뤄냈을 때

  한계를 넘어 무언가를 해내고, 내면의 생명력을 체험할 때

이 모든 순간의 공통점은, 일과 나의 정체성이 만나는 지점이라는 데 있다. 진짜일은 우리를 소진시키지 않는다. 오히려 나를 확장시키고, 새로움을 창조하게 만든다. 그래서 우리는 그 안에서
"나는 지금 살아 있다."는 감각을 분명히 경험하게 된다.

3) 일과 정체성의 불일치가 주는 고통

반대로, 일이 나의 진심이나 신념, 가치와 엇갈릴 때, 우리는 내면의 에너지를 급격히 잃는다.

- 하고 싶지 않은 일을 억지로 수행할 때
- 누군가의 기대에 맞춰 나를 감추고 연기할 때
- '그저 잘 해내는 사람'으로 보이기 위해, '진짜 나'를 무대 뒤편으로 밀어낼 때

우리는 점점 투명 인간이 되어간다. 그 고통은 단순한 스트레스가 아니다. 그것은 존재의 침묵이며, 생명력의 마비다. 그래서 우리는 자문해야 한다.

"나는 지금 살아 있는가?"

"내가 하는 일은 나를 드러내는가, 감추는가?"

4) 살아 있음은 선택이다

살아 있다는 감각은 우연히 오는 게 아니다. 그건 매 순간 내가 선택한 결과이다. 우리는 매일 선택한다.

- 익숙하고 안정적인 길을 걸을 것인가?
- 아니면, 나의 진실에 일치하는 길을 택할 것인가?

그 선택은 때로 불안정하고 낯설다. 하지만 바로 그 안에 진짜 생의 감각이 숨어 있다. 일은 단순한 과업이 아니다. 그것은 나의 영혼이 구체화되는 공간이며, 세상에 "나는 여기 살아 있다"고 외치는 방식이다.

일work은 나를 표현하는 방식이다

"당신은 누구인가요?"

이 질문 앞에서 우리는 잠시 멈춘다. 직책이나 소속만으로는 부족하고, '성실한 사람', '열정적인 사람' 같은 추상적 언어로도 온전히 설명되기 어렵다. 하지만 이렇게 묻는다면 어떨까?

"어떤 일을 할 때 가장 나답다고 느끼나요?"

이 질문 앞에서 우리는 조금 더 구체적이고 실천적인 자아의 조각들을 발견하게 된다. 왜냐하면, 사람은 말보다 일을 통해 자기다움을 가장 깊고 구체적으로 표현하기 때문이다.

1) 나다움selfhood이란 무엇인가?

나다움이란 단순히 본능이나 감정을 쏟아내는 것이 아니다. 그것은 자기 성찰을 바탕으로 형성된 고유한 삶의 방식이다.
- 내가 중요하게 여기는 가치,
- 자주 사용하는 언어,
- 반복적으로 선택하는 행동과 태도 속에서 그 사람만의 고유한 리듬이 드러난다.

그리고 일은 그 나다움을 '행위'라는 형태로 외화外化하는 방식이다. 정리, 공감, 설계, 기획 등 자기다움은 일의 방식 안에서 살아 있는 실천 언어로 나타난다.

"일은 나라는 사람을 표현하는 살아 있는 형식이다."

2) 일work은 나의 예술적 표현이다

화가는 붓으로, 작곡가는 음표로, 조각가는 돌을 통해 자신을 표현한다. 우리 역시 '일'이라는 수단을 통해 자신을 창작하고 표현하는 사람이다.

- 고객을 세심하게 응대하는 서비스
- 완성도를 집요하게 추구하는 기술
- 감정을 어루만지는 리더십

이 모든 일에는 나만의 결, 나만의 리듬이 담겨 있다. 누구도 흉내 낼 수 없는 고유한 방식, 그것이 깃들어 있을 때, 일은 단지 수행이 아니라 나다움의 확장이 된다.

3) 일로 나를 찾고, 나를 드러낸다

진짜일은 나를 감추는 수단이 아니라, 드러내는 방식이다. 몰입의 순간, 나는 내가 누구인지 조금 더 선명히 알게 된다.

- 고객에게 따뜻한 말을 건넬 때, "나는 공감하는 사람이다."
- 프로젝트를 이끌 때, "나는 촉진형 리더다."

이처럼 일은 자기표현이며, 자기발견의 장이다. 그리고 정체성과 사회적 기여가 만나는 접점이기도 하다.

"나는 일을 통해 세상과 연결되고, 그 안에서 나를 증명한다."

4) 나답지 않은 일은 결국 나를 잃게 한다

자기다움과 어긋난 일은 정체성을 훼손한다. 말과 행동이 불일치할 때,

진심이 묻히고 역할만 수행할 때, 인정은 받지만 내면은 공허할 때. 우리는 점점 "내가 아닌 누군가처럼 살아가는 감각"에 시달린다. 아무리 조건이 좋아도, 나다움을 잃는 일은 삶을 소모시키는 일이다. 그래서 우리는 스스로에게 묻는다.

"이 일은 내가 누구인지 알게 해주는가?"

"아니면 나를 점점 잊게 만드는가?"

5) 일은 나다움의 살아 있는 증명이다

일은 단지 외부 세계에 반응하는 기능적 활동이 아니다. 그것은 내면에서 흘러나온 자기다움의 실천이며 표현이다. 우리는 매일의 일 속에 나만의 가치, 태도, 리듬을 실어야 한다. 그것이 나다운 삶을 사는 방식이기 때문이다.

"일은 말 없는 자기소개서이자, 살아 있는 나의 전시물이다."

그 사람이 하는 일을 보면, 그 사람이 어떤 삶을 선택해 왔는지, 무엇을 가치로 여기는지 알 수 있다. 일은 곧 나다움의 형상이며, 존재의 발자취이다.

일의 목적을 다시 정의하라!

우리는 매일 바쁘게 움직인다. 일을 처리하고, 목표를 달성하며, 결과를 만들어낸다. 그런데 어느 순간 문득 이런 질문이 스쳐 지나간다.

"나는 왜 이 일을 하고 있는가?"
"이 모든 수고는 나에게 어떤 의미인가?"

이 질문이 막연하거나 공허하게 느껴진다면, 우리는 이미 '일의 목적'을 잃어가고 있는지도 모른다. 성과를 내기 위해, 생계를 유지하기 위해, "그냥 해야 하니까 하는 일"로 전락해버린 일은 점점 생기를 잃는다. 하지만 진짜일은 존재 이유와 연결된 일이다. 지금, 우리는 일의 목적을 다시 정의해야 한다.

1) 생존을 넘어서, 존재의 이유로

예전엔 일이 곧 생존이었다. 먹고살기 위한 수단. 그러나 기술의 발전과 사회 변화는 이제 우리에게 더 근본적인 질문을 던지게 한다.

"나는 왜 이 일을 하는가?"
"이 일을 통해 어떤 사람이 되어가고 있는가?"

이제 일은 단지 생계의 도구가 아니라, 내가 누구인지 보여주는 실천이 되어야 한다. 진짜일은 살아남기 위한 수단이 아니라, 내가 살아 있음을 증명하는 행위다.

2) 일은 가치 생산의 도구다

오늘날의 일은 종종 KPI, 매출, 수치로만 평가된다. 하지만 진짜일은 보이지 않는 가치를 만든다.

- 고객에게 신뢰를 주는 서비스
- 동료의 성장을 돕는 협업

- 사회 문제를 해결하려는 기획과 실행

이런 일은 숫자로 환산할 수 없지만, 사람을 움직이고 세상을 바꾸는 힘을 가진다. 성과만을 좇으면 사람은 지치지만, 가치를 만든다는 목적은 에너지를 만들어낸다. 왜냐하면 인간은 의미 있는 일을 할 때 가장 강해지기 때문이다.

3) 일은 타인과 연결되는 통로다

진짜일은 혼자서 완성되지 않는다. 고객을 이해하고, 동료와 협력하고, 사회적 책임에 응답할 때, 일은 '나'에서 '우리'로 확장된다. 일은 세상에 나를 드러내는 동시에, 세상을 내 안으로 받아들이는 창窓이다. 나만의 성공을 넘어서, 함께 살아가는 방식으로 전환될 때, 일은 '성과'에서 '의미'로 바뀐다.

4) 일은 내면의 성장을 위한 훈련장이다

진짜일은 외적 결과만 남기지 않는다. 그 과정 속에서 우리는 인내를 배우고, 문제 해결을 통해 창의성을 키우며, 실패를 통해 자신을 성찰하게 된다. 일은 나를 단련시키는 도장이며, 오늘보다 더 나은 나를 만들어가는 훈련장이다.

5) 목적이 분명한 일은 흔들리지 않는다

일의 목적을 잃으면, 우리는 외부의 평가와 변화에 쉽게 흔들린다. 하지만 목적이 분명한 사람은 내면의 동기를 원천 삼아 중심을 지킨다. 일이 잘 풀리지 않아도 본질을 놓치지 않고, 누가 보지 않아도 책임을 다하며,

더 나은 방향이 보이면 과감히 전환한다.

목적이 있는 사람은 흔들리되, 무너지지 않는다. 분명한 목적은 몰입을 만들고, 가치를 창조하며, 지속 가능한 성장을 이끄는 핵심 원리다.
다시 묻자.
당신의 일은 어떤 의미를 만들고 있는가?
내가 하는 일은 어떤 가치를 만들어내고 있는가?
그 가치는 나의 삶과 어떻게 연결되어 있는가?
이 질문을 외면하지 않을 때, 우리는 비로소 일을 삶의 중심에 놓을 수 있게 된다. 일은 단순한 노동이 아니다. 내가 살아가는 방식이며, 삶의 방향을 결정짓는 나침반이자 존재의 목적이다.

성과는 감각이 쌓인 흔적이다

일터에서 우리는 흔히 성과를 숫자와 지표로 정의한다. 성과는 보고서와 평가 항목으로 환산되고, 결과 중심의 언어로 남는다. 그러나 진짜 성과는 단순한 수치나 결과물이 아니다. 성과는 시간 속에서 축적된 감각의 농도이며, 반복된 통찰과 실천이 응축된 살아 있는 흔적이다.
성과는 우연이 아니다. 훈련된 감각이 자라나는 과정 속에서, 서서히 피어나는 정제된 결과물이다.

1) 성과는 감각에서 시작된다

성과는 거창하게 시작되지 않는다. 그 시작은 언제나 작고 미세하며, 직관적이다.

- 고객의 불편을 눈치채는 작은 감각
- 시장 변화의 조짐을 감지하는 예민한 촉
- 팀 분위기의 미묘한 흐름에 반응하는 정서적 안테나

이러한 감각은 데이터보다 빠르고, AI보다 섬세하다. 이 선행 감지력이 바로 성과의 씨앗이다.

2) 성과는 반복된 관찰에서 정교해진다

감각은 한 번의 경험으로 자라지 않는다. 반복된 관찰, 성찰, 시도를 통해 조금씩 정밀해진다.

- 고객 피드백을 기록하고
- 프로젝트를 되돌아보고
- 실패에서 배움을 추출하고
- 일상 속에서 되새김을 멈추지 않을 때

우리는 점차 일의 맥을 잡는 감각을 얻는다. 그 감각은 넓어지고, 깊어지고, 결국 성과로 연결된다.

3) 성과는 몸에 밴 반응이다

고성과자는 직관적으로 반응한다. 그는 감각을 넘어서 신체화된 실행력을 지닌다.

- 위기 상황에선 손이 먼저 움직이고

- 문제가 생기면 우선순위를 자동으로 정하며
- 감정보다 구조와 논리로 대응하는 습관이 배어 있다.

이는 타고난 능력이 아니다. 반복과 감각의 내면화로 축적된 자동성이다. 성과는 몸으로 익힌 감각의 발현이다.

4) 성과는 되새김의 산물이다

성과는 그냥 했다고 생기는 것이 아니다. 그것은 '되새김'의 결과다. 일의 시작과 과정을 되짚고, 결과를 되돌아보며, "무엇이 잘됐는가?", "무엇이 아쉬웠는가?", "다음에는 어떻게 달라져야 하는가?"를 묻는 사람만이 고성과자의 길에 들어선다. 되새김 없는 감각은 무뎌지고 정체된다. 되새김이 있는 사람은 더 정제되고 정확하게 일을 완성한다.

5) 성과는 정리된 감각이다

감각은 흘러가고 사라지기 쉽다. 그러나 그것을 언어로 붙잡고 구조로 정리할 때, 비로소 축적된다. 매뉴얼로 남기고, 사례로 공유하며, 후배에게 전수할 때, 그 감각은 조직의 자산이 되고, 성과는 지혜의 집합체가 된다.

성과란, 내가 무엇을 감지하고, 어떻게 반응하며, 무엇을 남기는 사람인가를 보여주는 감각의 언어다. 성과는 정체성의 발현이며, 나다움의 증명이며, 내가 어떤 사람인가를 세상에 드러내는 방식이다. 그리고 그 나다움이 오랜 시간 정제되고 축적되었을 때, 비로소 눈에 보이는 결과로 피어난다. 우리는 그것을 성과라고 부른다.

이제 당신에게 묻는다. 당신은 어떤 울림을 남기고 있는가?

에필로그

당신의 실천이, 진짜를 만든다
살아 있는 감각이 일의 방향을 바꾼다

어느 날, 나는 문득 멈춰 섰다. 일은 계속되고 있었지만, 내 감정은 거기 없었다. 기계처럼 움직였고, 루틴처럼 처리했다. 보고서는 완벽했고, 성과도 나쁘지 않았지만, 이상하게 아무것도 기억나지 않았다.

그 순간 나는 깨달았다. '일이 아니라, 나를 되찾아야 한다'는 것. 진짜 일은 누가 시켜서 하는 일이 아니라, 내가 감각하고, 내가 질문하며, 내가 선택해 실천하는 일이었다. 그 실천의 흔적에 감정이 남고, 그 감정의 결 안에서 내 존재가 선명해졌다.

우리는 자주 일을 평가한다. 성과로, 결과로, 속도로. 하지만 이제는 그 안에 살아 있는 감각이 있는가를 물어야 한다. 그 감각은 내가 '살아서 움직였는가'를 말해주는 가장 솔직한 기준이니까.

몰입은 거창한 비전에서 시작되지 않는다. 내가 지금 이 일에 감정이 움직이는가? 그 감정이 무엇에서 비롯되었는가를 살피고, 그 순간의 질문을 붙잡고, 작게라도 실천해보는 것. 몰입은 그렇게 작고 구체적인 실천 안에서 조용히 다시 자란다.

일의 방향은 상사가 아니라 내 감각이 정한다. 조직의 지시는 흐름을 줄 뿐, 진짜 방향은 '내가 어디에서 살아 있는가'를 아는 감각에서 생긴다. 그 감각은 훈련으로 자란다. 감정을 붙잡고, 질문을 나누고, 실천을 기록하는 반복. 그 루틴이 감각을 깨우고, 그 감각이 나를 지켜준다.

당신도 이제는 알고 있을 것이다. 단지 열심히 일하는 것으로는 살아 있다는 느낌이 들지 않는다는 것을. 성과는 남았는데, 내 존재는 지워졌다는 느낌. 그 공허에서 빠져나오는 길은 거창한 변화가 아니라 지금 이 순간의 감각을 인식하고, 그 감정을 실천으로 연결하는 작고 진짜인 루틴이다.

마지막으로, 이 말을 전하고 싶다.

"당신의 실천이, 진짜를 만든다."

아무리 작아도 당신이 감정을 담아 움직인 그 실천, 당신이 질문을 품고 선택한 그 움직임은 당신의 존재를 지우지 않는다. 그것은 반드시 하루의 어딘가에 살아 있는 흔적을 남긴다. 그 흔적이 당신을 다시 일에 연결해줄 것이다. 그 실천이 당신의 일에 진짜를 만들어줄 것이다.